企業と社会がわかる

市民が学ぶ決算書

野中郁江

[編著]

唯学書房

はじめに

　仕事で取引先と交渉をしたり、何かの判断をしたりするとき、就職先を選ぶとき、こうしたシリアスな局面だけでなく、さまざまなニュースにふれるとき、「決算書が読めたら、企業のことがもっとわかるはず」と思うことあります。この本は、「決算書が読めるようになる」ということと、「決算書が読めればこんなことがわかる」という2つのことを追求した本です。

　企業が作成している決算書から財産や利益や資金の流れがわかります。決算書に示される金額や事実は、さまざまな人々に活用されています。内部留保額や付加価値額に基づいて、社会的な富の分配のあり方が議論されています。決算数値を用いて、投資家だけでなく、学生、労働者、政府機関などが重要な意思決定をしています。企業の不祥事では、真相の解明や経営者の責任を明らかにするうえで、会計データは重要な役割を果たしています。

　そうであるからこそ、さまざまな人々が決算書を分析する力を高めていくことで、社会的な問題を解決し、理性的で合理的な結論に導くことができるはずです。本書がそのためのささやかな貢献となることを願っています。

　本書は、以下の内容とつながりからできています。Part 1 から Part 4、ここまでが「決算書が読めるようになる」です。

　Part 1「分析を始める前に」では、現代企業の特徴を示すキーワードとして「日本的経営と株主主権論」「働くものの状態と格差・貧困」「収益費用アプローチと資産負債アプローチ」をあげ、解説しました。次に会計の基礎知識として簿記の基本、江崎グリコを事例にした決算書のしくみ、決算書の作り方を決めている法律・規則を説明します。ここには、「聞いたことがある」と思うことが並んでいます。わかる読者は、さらさらとページをめくってください。

　Part 2「決算書が読める!」は決算書の基本的な読み方が書かれています。決算書の金額、実額の変化はどのように読んでいけばいいのか、です。ポイントは、主要な項目を並べて、変化を読み取ることです。事例は三菱地

所を取り上げました。決算書を読むための方法はこんなに簡単なのかと思われることでしょう。簡単ではあっても基本的です。基本的であることこそ、応用できる知識なのです。

Part 3「比率を使いこなす」は、決算書の分析、経営分析らしい比率を取り上げます。資本利益率を中心とした収益性の指標、財政状態の安定性を見る指標、それから業界ごとの違いがわかる平均指標との比較です。事例はPart 2と同じ三菱地所と不動産業なので、実額の変化と合わせて理解するようにしてください。

Part 4「分析が無敵になる用語事典」は、「実際の決算書は、もっと難しい項目が出てきます」という質問に答えて、難しい項目についての必要かつ的確な解説を載せました。会計グローバル化のなかで、新しく登場した項目を中心に、株主資本等変動計算書まで、解説しました。困ったときに参照してください。

Part 5以下が、「決算書が読めればこんなことがわかる」です。

Part 5「決算書から社会が見える：利益、内部留保、私立大学」は、決算書を見ることでわかる興味深い事実、テーマを取り上げます。20年間に日本企業の利益の出し方が変わってきています。いま話題になっている内部留保の見方・考え方、計算の仕方がわかります。私立大学の財政も決算書からわかりますし、特有な基本金制度も解説しました。

Part 6「決算書の数値を使うと富の分配がわかる」は、社会的な富の分配に関わっているテーマを取り上げます。当期純利益と税額から大企業の税負担の軽さを検討します。付加価値指標から、労働によって生み出された価値がどのように分配されていくのかを見ます。

Part 7「上場企業の分析には投資家の目線が必要」では、上場企業の分析で、特に注目すべきことを取り上げました。「第3の決算書」といわれているキャッシュフロー計算書の見方と使い方がわかります。『会社四季報』の株価指標をどう見るかや企業評価・DCF法も取り上げました。最後は、社会を揺るがしたオリンパス不正会計事件を解明しました。

Part 5からPart 7を読んでいただくと、決算書からこんな重要なことがわ

かるのか、また決算書に関わってこんな重要な事件があるのか、ということに納得していただけると思います。

2020年3月

野中郁江
田中里美
吉沢壮二朗

市民が学ぶ決算書／目次

Part 1

分析を始める前に

Part 2

決算書が読める！

Part 3
比率を使いこなす

Part 4

分析が無敵になる用語事典

Part 5

決算書から社会が見える
利益、内部留保、私立大学

Section 1
『法人企業統計』
損益計算書からわかる儲け方の変化　92

Part 6
決算書の数値を使うと富の分配がわかる

Part 7

上場企業の分析には投資家の目線が必要

[執筆分担]

野中郁江：　Part 1 Section 1, Part 2 Section 1-2 ～ Section 3, Part 3, Part 5 Section 1, Section 5,
　　　　　　Part 6 Section 2, Part 7 Section 1～3
田中里美：　Part 4, Part 5 Section 2～4, Part 6 Section 1
吉沢壮二朗：Part 1 Section 2～3, Part 2 Section 1-1, Part 7 Section 4

Part 1

分析を
始める前に

Section 1
社会と会社の キーワード

　株式会社は、労働者から労働力を買い入れて、財やサービスを作り出し、人々の暮らしを支えています。個人企業も協同組合や非営利組織も、同じような役割を持っています。株式会社の特徴は、株式を発行してこれが資本になっていることと私的な利益を求めて活動しているということです。マルクス風にいえば、私的所有に基づく社会的分業を担っているのです。多くの働く人々から見れば、労働の場、暮らしの糧を得る場であるとともに、泣いたり笑ったり、成長したりする人生の大きな一場面でもあります。

　ところが数十年の間に「株式会社が変わった、会計も変わった」といわれるようになってきました。決算書の分析、経営分析に取り組むにあたって、「株式会社が変わった、会計が変わった」とはどういうことか。最初にキーワードを一通り出しておくことにします。

1　対象会社は上場会社か非上場会社か

　経営の分析をしようとする企業はどのような企業でしょうか。上場会社でしょうか、非上場会社でしょうか。外資ですか。実体は家族経営ですか。どのような業種でしょうか。規模は？　地域は？　実にさまざまです。

　決算書の作り方も、会計基準が複数あります。国際会計基準を採用している会社は数ではわずかです。適用の仕方もばらばらといえる状況です。

以下にあげるキーワードが示す変化は、上場会社を中心に起きていることです。分析をしようとする会社にどのように影響があるのかは、違います。

2 会社は誰のものか： 日本的経営と株主主権論

　会社は誰のものか。自明のように「株主のものだ」という答え方をする人が増えてきました。ひと昔前は、誰のものというのではなく、会社は、「お客様、地域社会、株主様、皆様のものです、社会のお役に立ちたい」と答えて、働く労働者には、「会社のために頑張ろう」と固有名詞である「○○株式会社の従業員」であることに、アイデンティティを求めてきたものでした。終身雇用制度と年功序列賃金は、「会社にしがみついてさえいれば生活は少しずつよくなる制度」だと考えられてきました。こうした考え方を日本的経営といいます。この世界では、株主は、有限責任の利害関係者であるにすぎませんでした。損失が出れば、労働者、経営者とともに、株主は無配を受け入れてきました。納得しない株主は、株式を売却すればいいわけです。

　会社法は、仕入先や銀行といった債権者を保護して、安心して取引をしやすいように、株主の利益処分を抑制する配当制限をしてきました。債権者保護法理といわれる考え方です。企業会計原則のいう「資本と利益の区別、資本剰余金と利益剰余金の峻別」という要請も、資本維持原則といわれて、債権者保護と会社の維持の両方に役に立つ考え方でした。

　商法が会社法になるにつれて、利益に対する株主総会の処分権限が強くなりました。こうした会社における株主の立場の強化の背景にある事実としては、グローバルに展開する金融マネーが世界の金融市場を駆け巡って市場の開放を求めていることや、日本において資金調達における銀行の役割（間接金融）が後退し、日本企業の大株主が、（系列）銀行から海外をはじめとする機関投資家に変わってきたことがあります。

　そして機関投資家たちが企業に対して影響力を行使するようになって、

企業経営者は、労働者や社会ではなく、投資家の方を向いて経営を行うようになりました。つまり、配当の増加や自社株買いです。また経営者自身もストック・オプションを取得することで、株価の上昇から利益を得るようになり、経営者と投資家の利益が一致してきたのです。

　株主主権論とは、こうした現象を正当化し、促進しようとするものです。確かに株主総会を制した大株主は、役員選任に影響力を行使できるのですから、主権を持っているという側面もあります。このことは特に新しいことではありませんでしたが、機関投資家たちが「物いう株主」として株価の上昇と配分を積極的に要求し始めたのです。

　しかし労働者と企業経営者との関係、顧客、取引先、地域らへの社会的責任は変わらないはずです。労働者は、日本国憲法に明記された労働3権の行使や労働契約法に則って、正々堂々と労賃の引き上げや待遇改善を求めていくことができます。労働組合の組織率が下がって、交渉力による解決が難しくなっている現在、政府は有期雇用や派遣労働も含めて、働く者の人間らしい生活を保障するべく役割を果たす必要があります。

　また企業の顧客や地域社会との関係、責任も何ら変わることがありません。地球環境の悪化、災害の頻発のもとで、企業の社会的責任は拡大しています。影響力を行使できる大株主はこうした社会的責任も果たさなければならない場面も出てくるでしょう。

3 働くものの暮らしと格差・貧困

　株主主権論には、会社法上の権限の側面だけではなく、「株主の利益にすべてが優先する」という法律的根拠のないイデオロギーになっているという側面があります。株主主権論は、「人件費が高いので国際競争力に負けてしまう」というものや、近年では「日本の労働者は労働生産性が低い」というイデオロギーのもとに、労働者の賃金や待遇を引き下げるべく圧力をかけてきました。このように、「会社が変わった」の2つ目の変化に、働く人々が大切にされなくなってきていることがあげられます。

「従業員が守り、人生をささげてきた会社」であったはずが、労苦に報いてくれない会社になってきています。1997年を最高に、平均賃金は下がり続けています。非正規雇用の拡大による総人件費削減だけではありません。正規雇用の労働者、会社の屋台骨を支えてきたコア労働者の賃金も下がり続けています。それも「会社の利益は出ている」「会社の内部留保は増えている」のに、です。

　リーマンショックという金融恐慌のただなかの2008年年末、突然の派遣切りにあって行き場を失った人々が日比谷公園に集まった「年越し派遣村」が出現しました。これは、豊かな国であったはずの日本が、本格的な格差と貧困の時代に入ったことを示すものでした。2013年に始まる異次元金融緩和アベノミクスが株価を引き上げるだけで、一般景況は回復しない（トリクルダウンの嘘）なかで、資産運用によって富を増やしていく富裕層の存在がクローズアップされました。

　賃金だけでなく、労働の実態でも、過労死を引き起こし、残業代を支払わないブラック企業が横行し、それが電通やNHKといった一流企業にも及んでいます。政府も働き方改革をとなえ、制度改正に着手しましたが、残業手当を払わずにすむ「高度プロフェッショナル制度」の導入が依然として画策されています。残業時間を所要労働時間にすり替える変形労働時間制やフレックスタイム制も総人件費削減に利用されています。

　非正規雇用者の待遇改善では、有期雇用を5年継続することによって無期転換権が生じることになりましたが、各企業はこれに乗じて、5年未満の任期付き雇用制度を導入して、かえって雇用を不安定にしています。女性が職場に進出するなかで、男女間の賃金格差はさほど縮小していません。共働き世帯は増大していますが、男女共同参画社会の到来にはほど遠く、子育て支援は不十分です。

　こうした労働者を大事にしない、暮らしを不安定にすることは、株主主権論、「株主様第一」の裏側で起きていることです。俯瞰していえば、富の配分が株主、投資家及び内部留保の積み上げに偏っていることが原因です。

4 会計基準のグローバル化：収益・費用 アプローチと資産・負債アプローチ

　グローバルな金融マネーが世界の金融市場を席捲し、市場の開放を求めてきました。金融マネーは投資先の会計情報のグローバルスタンダード化を推進し、各国の会計基準を国際会計基準に統一化させてきました。

　国際会計基準は、それ以前からアメリカで進められてきた「会計の考え方の大転換 (パラダイム転換)」を取り入れていきました。その考え方とは、会社の会計情報の公表 (ディスクロージャー) は、投資家が投資を行うために役立つものでなければならない、ということです。それ以前は、会計情報は、多くの利害関係者が使用するので、客観的で、わかりやすく、納得できるものでなければならないという考え方でした。

　「利害関係調整のため」から、「投資家意思決定有用性の会計」への変化は、会計の測定方法を変えました。取得原価 (買ったときの値段) から時価 (現在、いくらか) へ、です。取得原価の会計は、現金の収入と支出を重視して、これを収益と費用に組み替えて利益を計算するため、収益・費用アプローチと呼ばれています。一方、投資家は今の会社の値段、突き詰めていえば株価を知りたいわけなので、「資産と負債を時価で評価して純資産額を知りたい」ということになります。したがってこの考え方は資産・負債アプローチと呼ばれています。

　投資家は、資産・負債アプローチで計算された純資産額に対する最終当期純利益の割合、すなわち自己資本利益率 (ROE) を重視して、投資の意思決定をすることになり、ROEを上げることを会社経営者に求めており、この脈絡で、自社株買いという資本の市場からの資金引き上げが横行することになりました。

Section 2

決算書、基礎の基礎

1 貸借対照表と損益計算書

　経営分析とは、決算書を分析することです。なかでも貸借対照表、損益計算書が重要です。最初に、貸借対照表と損益計算書とその結びつきから、説明を始めましょう。

　簿記では企業の活動を、①資産、②負債、③純資産、④収益、⑤費用、という5つの要素で記録します。そして貸借対照表には資産、負債、純資産が表示され、損益計算書には収益と費用が表示されます。

　簡単な設例を示します。4月1日に会社を設立しました。株主から現金100万円の出資を受け、銀行からも現金80万円を借り入れました。なお会社は、4月1日〜3月31日を事業年度（会計期間）にしており、3月31日が決算日です。事業年度（会計期間）の始まりを期首、また事業年度（会計期間）の終わりである決算日を期末といいます。期首の貸借対照表は図表1-1のようになります。

　貸借対照表の左側には会社の資産が表示されます。簿記では左側のことを借方といいます。資産とは、会社の財産のことです。この例では、180万円の現金・預金を持っています。

　貸借対照表の右側には負債と純資産が表示されます。簿記では右側のことを貸方といいます。負債は、「債務」「義務」のことです。80万円の借入金は返済する義務がありますね。また純資産とは、資産から負債を引いた

××1年4月1日

資産の部		負債の部	
現金・預金	180万円	借入金	80万円
		純資産の部	
		資本金	100万円

残りの財産額、財産の正味の金額を示しています。ここまでで、資産、負債、純資産の項目として、現金・預金、借入金、資本金といった項目が出てきました。

貸借対照表においては、以下のような式が成り立っています。

資産 ＝ 負債 ＋ 純資産

また純資産を計算する式は、以下の通りです。

資産 － 負債 ＝ 純資産

資産が180万円、負債＋純資産も180万円と、金額が一致していますね。このことは、負債・純資産がどのようにお金を集めてきたかを示し、資産は集めたお金を何に使っているかを示している、だから一致する、ということができます。貸借対照表は企業のある一時点での資産、負債、純資産の状態を示すことで、財政状態を明らかにします。

ここで、営業開始後1年が経過し、3月31日の決算日（期末）に、改めて貸借対照表を作成します（図表1-2）。この会社の資産は230万円に増加し、現金・預金のほか商品、備品といった種類の資産を持っています。負債は100万円に増加しました。純資産は、期首の100万円から期末の130万円に増えました。この30万円が利益です。

期末資産 － 期首資産 ＝ 当期純利益

××2年3月31日

資産の部		負債の部	
現金・預金	130万円	借入金	100万円
商品	50万円	純資産の部	
備品	50万円	資本金	100万円
		繰越利益剰余金	30万円

　このように期首と期末の純資産を比較することで、30万円の利益を上げたことはわかりましたが、その原因がわかりません。

　そこで損益計算書も作成してみます。損益計算書は収益と費用を表示し、その差額である利益を計算することで、企業のある一定期間の経営成績を示すものです。

　この1年間の損益計算書は図表1-3の通りであったとします。

　収益は純資産の増加の原因となるものです。収益の代表的なものは売上高です。費用は企業の純資産の減少の原因となるものです。たとえば売上高に見合う売上原価40万円、従業員に30万円の給料の支払いなどです。

　株主から追加出資を受けた場合には純資産である資本金が増加し、株主へ配当を払った場合には繰越利益剰余金からの減額となります。こうした株主との取引は企業の利益の計算と関係がなく、収益・費用ではありません。

　どれだけの費用をかけて、どれだけの収益を上げ、差額としてどれだけの利益を獲得できたのかを示すのが損益計算書の役割であり、これにより利益の金額だけでなく、その発生の原因もわかるようになります。このように2つの主要な決算書は相互につながりを持っています。

　なお、貸借対照表に表示される資産、負債、純資産は、ある一時点の在高の金額、すなわち「ストック」の情報であるのに対して、損益計算書に表示される収益と費用はある一定期間の流入・流出の金額、すなわち「フロー」の情報です。

図表1-3　1年間の損益計算書

××1年4月1日～××2年3月31日

費用の部		収益の部	
売上原価	40万円	売上高	120万円
給料	30万円		
支払家賃	15万円		
水道光熱費	5万円		
利益	30万円		

2　江崎グリコの貸借対照表

　ここからは「ポッキー」や「パピコ」で有名な「江崎グリコ」の連結貸借対照表を見てみます（図表1-4）。貸借対照表の左側は「資産の部」、右側は「負債の部」及び「純資産の部」となっています。貸借対照表の資産の合計と、負債及び純資産の合計がともに3,484億5,200万円と一致していますね。以下、資産、負債、純資産について、それぞれの内容を見ていきましょう。

■ 資産の部

　資産の部は、流動資産と固定資産に分かれています。流動資産は、短期間に現金となる資産です。流動資産とならない資産は固定資産となります。

　流動資産であるか否かは、①正常営業循環基準、②1年基準、により、判断されます。

　正常営業循環基準とは、「商品・原材料を仕入れる→製品を製造する→商品・製品を販売する→売上代金を回収する→仕入代金を支払う」という一連の流れのなかに位置するかどうかで、資産の流動性を判断する基準です（図表1-5）。

　正常営業循環基準にあてはまらなくても、「1年以内に現金化されるか」という1年基準にあてはまれば、流動資産となります。

図表1-4　江崎グリコの連結貸借対照表（2018年度）

（単位：百万円）

資産の部		負債の部	
流動資産		**流動負債**	
現金及び預金	103,601	支払手形及び買掛金	33,831
受取手形及び売掛金	40,128	短期借入金	417
有価証券	1,645	未払費用	30,128
商品及び製品	16,237	未払法人税等	2,651
仕掛品	768	販売促進引当金	2,448
原材料及び貯蔵品	14,106	役員賞与引当金	38
前渡金	29	その他	12,232
前払費用	385	流動負債合計	81,749
短期貸付金	49	**固定負債**	
その他	3,268	転換社債型新株予約権付社債	30,103
貸倒引当金	△50	長期借入金	220
流動資産合計	180,171	退職給付に係る負債	5,286
固定資産		繰延税金負債	5,098
有形固定資産		その他	5,140
建物及び構築物	73,062	固定負債合計	45,849
減価償却累計額及び減損損失累計額	△40,402	**負債合計**	127,598
建物及び構築物（純額）	32,659	純資産の部	
機械装置及び運搬具	118,992	**株主資本**	
減価償却累計額及び減損損失累計額	△83,972	資本金	7,773
機械装置及び運搬具（純額）	35,019	資本剰余金	8,999
工具、器具及び備品	24,340	利益剰余金	190,892
減価償却累計額及び減損損失累計額	△21,174	自己株式	△6,566
工具、器具及び備品（純額）	3,165	株主資本合計	201,098
土地	15,584	**その他の包括利益累計額**	
リース資産	1,720	その他有価証券評価差額金	12,551
減価償却累計額及び減損損失累計額	△1,105	繰延ヘッジ損益	73
リース資産（純額）	615	為替換算調整勘定	395
建設仮勘定	12,421	退職給付に係る調整累計額	△225
		その他の包括利益累計額合計	12,794
		非支配株主持分	6,960
		純資産合計	220,853

（単位：百万円）

資産の部		負債の部	
有形固定資産合計	99,465		
無形固定資産			
ソフトウェア	4,688		
のれん	3,874		
その他	914		
無形固定資産合計	9,477		
投資その他の資産			
投資有価証券	41,799		
長期貸付金	917		
長期前払費用	113		
退職給付に係る資産	1,336		
投資不動産	12,667		
減価償却累計額及び減損損失累計額	△371		
投資不動産（純額）	12,296		
繰延税金資産	939		
その他	1,987		
貸倒引当金	△53		
投資その他の資産合計	59,338		
固定資産合計	168,281		
資産合計	348,452	**負債純資産合計**	348,452

図表1-5　正常営業循環基準

商品・原材料の仕入れ → 製品の製造 → 商品・製品の販売 → 代金の回収

| 商品 原材料 | 製品・仕掛品 （製造業） | 売掛金 受取手形 | 現金・預金 |

① 流動資産

　現金及び預金は、紙幣や硬貨などの現金と、普通預金や当座預金の口座に預けている預金です。受取手形及び売掛金は、取引先に商品・製品を販売しているが、代金の回収がまだのものです。合わせて売上債権と呼ばれます。無事に回収できれば、数ヵ月後に現金・預金となります。

　有価証券とは株式、社債、国債などの証券ですが、保有することで配当・利息を得たり、他社に転売して売却益を稼ぐこともできます。流動資産の有価証券は、短期に売買する目的で保有する有価証券です。

　商品及び製品、仕掛品、原材料及び貯蔵品は、まとめて棚卸資産と呼びます。いずれも販売のために保有している資産です。仕入れてそのまま売るものが商品です。自社で製造したものが製品であり、原材料を加工し、仕掛品を経て製品となります。

　短期貸付金は、取引先や関連会社等に貸しているお金であり、1年以内に返済されるものです。

　貸倒引当金が「△（マイナス）5,000万円」計上されていますが、売上債権や短期貸付金のうち回収が不可能と予想される分を差し引いて表示するものです。

② 固定資産

　固定資産は正常営業循環基準にも1年基準にも当てはまらないもので、長期にわたって使用する資産のことです。固定資産はさらに、有形固定資産、無形固定資産、投資その他の資産となります。

　有形固定資産とは、土地、建物のほか、工場の機械装置や、営業用のトラックや乗用車などの車両、電化製品やイス・机、商品を並べる棚などの備品、建設中の有形固定資産である建設仮勘定からなります。

　有形固定資産は購入した際、取得にかかった金額（取得原価）で計上されます。そして、土地と建設仮勘定を除き、使用していくにつれて価値が減少していくので、この減少分が減価償却費として損益計算書に計上され、貸借対照表には取得原価から減価償却の累計額を差し引いた金額（簿価）で

計上されます。

　形を持ち目で見て手で触れることのできる有形固定資産に対し、無形固定資産はそうしたことのできない法律上の権利等です。江崎グリコには計上されていませんが、特許権や商標権等をお金をかけて取得した場合、これらが計上されます。コンピュータのソフトウェアもIT化した現代社会では重要な資産です。のれんとは、M&Aで取得した企業の価値と売却代金の差額です (77ページ)。

　投資その他の資産は、金融的な性質を持つものです。子会社への投資や持ち合い株式、その他長期的に保有する目的の有価証券は、投資有価証券と表示されます。他社への貸付のうち、返済期限が1年以上先のものが長期貸付金です。

❷ 負債の部

　負債にも正常営業循環基準と1年基準が適用されます。

① 流動負債

　支払手形及び買掛金は、取引先から商品・原材料を仕入れているが、代金の支払いがまだのものです。合わせて買入債務と呼ばれます。通常数ヵ月後には決済となります。

　短期借入金は1年以内での返済契約による借入金です。

　決算において利益の金額が確定するので、利益に課税される法人税、住民税、事業税が未払法人税等として計上されます。

② 固定負債

　銀行等からの借入のうち、返済期限が1年以上先のものは長期借入金という固定負債となります。多数の投資家に社債を発行して資金調達した場合、株式とは異なり返済の義務がありますので、負債として計上されます。1年以上の期限での借入や社債であっても、返済の期限が1年以内になれば固定負債から流動負債へと区分が変わります。

負債のなかには「○○引当金」という項目もあります。引当金は、将来生じるであろう費用や収益のマイナスを前もって費用にしたときに対応する負債項目です。

❸ 純資産

純資産については株主資本とそれ以外の項目があります。株主資本は株主より受けた出資と、会社が獲得した利益の蓄積からなります。資本金のほか、資本剰余金のうち資本準備金等が株主からの出資であり、利益剰余金は過去の利益の蓄積です。

その他の包括利益累計額以下の純資産項目については78～80ページで詳しく説明します。

3 江崎グリコの損益計算書

ここでも江崎グリコの連結損益計算書を示します。損益計算書は、収益から費用を差し引くことで利益を計算しますが、図表1-6に示したように、①売上総利益、②営業利益、③経常利益、④税金等調整前当期純利益（税引前当期純利益）、⑤当期純利益、と段階的に当期純利益を計算しています。また、当期純利益を計算した後、⑥包括利益が計算されます（⑥については78～81ページ）。

① 売上総利益

損益計算書は売上高から始まります。江崎グリコの売上高は、3,502億7,000万円です。

売上原価とは、当期に販売された商品・製品の原価です。スーパーマーケットや商社などの流通業では当期に販売した商品の仕入原価です。「当期にいくら商品を仕入れたか」という仕入高ではなく、「当期に販売した商品の仕入原価はいくらか」ということであり、たくさんの商品を仕入れても、売れ残った分は売上原価には含まれず、貸借対照表に棚卸資産として

図表1-6　江崎グリコの連結損益計算書（2018年度）

（単位：百万円）

売上高	350,270	営業外費用		
売上原価	184,167	支払利息	33	
売上総利益	166,103	寄付金	71	
販売費及び一般管理費		固定資産廃棄損	149	
輸送費及び保管費	30,617	固定資産除却損	336	
販売促進費	53,243	休止固定資産減価償却費	265	
販売促進引当金繰入額	2,448	その他	609	
広告宣伝費	14,408	営業外費用合計	1,466	
貸倒引当金繰入額	22	経常利益	19,217	
給料及び手当	17,200	特別利益		
賞与	5,615	固定資産売却益	358	
役員賞与引当金繰入額	38	投資有価証券売却益	425	
退職給付費用	492	特別利益合計	784	
福利厚生費	5,158	特別損失		
減価償却費	2,635	減損損失	307	
その他	17,474	事業構造改革費用	516	
販売費及び一般管理費合計	149,357	特別退職金	85	
営業利益	16,746	退職給付制度終了損	292	
営業外収益		特別損失合計	1,202	
受取利息	545	税金等調整前当期純利益	18,798	
受取配当金	729	法人税、住民税及び事業税	5,911	
為替差益	176	法人税等調整額	470	
不動産賃貸料	757	法人税等合計	6,381	
補助金収入	489	当期純利益	12,417	
その他	1,239			
営業外収益合計	3,937			

計上され、翌年度に繰り越されます。また昨年度から繰り越されてきた在庫を当期に販売した分は、売上原価に加えられます。

製造業の場合は当期に販売した製品の製造原価です。製造原価には製造の過程で発生した材料費、労務費、経費が含まれており、小麦やカカオなどのお菓子の原材料だけでなく、工場でお菓子の製造を行っている工具、工場の事務員などの給料、工場で使われた水道光熱費などの経費も含まれているのです。

売上高から売上原価を差し引くことで、第一番目の利益である売上総利益が計算されます。「コストよりも高く売る」ことによる差益分、つまり「粗利（あらり）」です。江崎グリコでは、売上高3,502億7,000万円に対して、売上原価は1,841億6,700万円であり、売上総利益は1,661億300万円です。

② 営業利益

売上総利益から販売費及び一般管理費が差し引かれ、営業利益が計算されます。販売費は販売活動にかかった費用、一般管理費は本社等でのマネジメント関連の費用です。営業マン、営業事務者、本社スタッフ、役員などの給料及び手当、賞与、退職給付費用、福利厚生費などの人件費が計上されています。

販売費には、商品・製品の運送費及び保管費のほか、試供品やキャンペーン景品などの販売促進費・販売促進引当金繰入額、テレビCMなどの広告宣伝費が計上されています。販売費及び一般管理費には、本社ビルの減価償却費や、各地の営業所の家賃も含まれます。またその他には、55億2,000万円の研究開発費が含まれています。

売上総利益1,661億300万円から販売費及び一般管理費1,493億5,700万円が差し引かれ、営業利益は167億4,600万円です。営業利益は企業の本業から獲得された利益です。

③ 経常利益

営業利益に営業外収益を足し、営業外費用を引いて、経常利益が計算さ

れます。

　営業外収益・費用は主に金融的なものです。グリコの営業外収益を見ると、余裕資金による受取利息、受取配当金、不動産賃貸料が計上されています。また営業外費用として金融機関への支払利息等が計上されています。為替差損・為替差益は、為替相場の変動によるものです。

　経常利益は企業の日常的・継続的な活動によるものであり、企業の実力を示すものといえます。

④ 税金等調整前当期純利益

　経常利益という継続的な活動による利益から、その年だけの特別・臨時的な特別利益・特別損失を差し引きして、税金等調整前当期純利益が計算されます。

　たとえば不動産を売却し、帳簿上の価額よりも高く売れた差益は、特別利益になり、火災に遭って失われた工場設備等の金額は特別損失になります。

　グリコも固定資産や長期に保有する投資有価証券を売却し、特別利益が計上されています。またリストラクチャリングに関連する事業構造改革費用や、固定資産の価値の下落による減損損失が計上されています。

⑤ 当期純利益

　税金等調整前当期純利益から、利益に課税される法人税、住民税及び事業税を引いて、将来生じるであろう税効果を法人税等調整額によって見積もって、最終的な利益である当期純利益が計算されます。

Section 3

会社の種類と会計の規則

　日本の会社の会計を規制している法律は会社法（かつては商法の一部）、金融商品取引法（かつては証券取引法）、法人税法といった3つの法律です。会社の規模や上場・非上場であるかによって規制の受けかたが異なり、また従うべき会計基準も異なっている点に特徴があります。

1 金融商品取引法と会計基準

　上場会社であれば金融商品取引法の規定で有価証券報告書を提出しなればなりません。金融商品取引法の目的は投資家の保護です。投資家は、有価証券報告書で決算書をはじめとした会社の情報を知ったうえで、各自の判断を行います。上場会社には、有価証券報告書のほかにも、タイムリーな四半期報告書等の作成が義務付けられており、これらの報告書は、公認会計士・監査法人による監査を受けなればなりません（第24条、193条）。

　会社の決算書について、それぞれの会社が各自自由な方法で作っていたのでは、企業外部の人々がある企業と別の企業とを比較する際、不具合が生じてしまいます。たとえば、ある企業は、土地を購入したときの金額（取得原価）のままで貸借対照表に計上しているのに、別の会社は決算のたびごとに土地を時価で評価し直し、値上がり・値下がりによる損益を損益計算書に計上している、という状態では、企業外部の人々は共通の尺度で企業

を比較することはできません。そのため上場企業は、共通の会計基準に従っている必要があり、また公認会計士が監査を行うにあたっても、よりどころとなる会計基準が必要です。

　もっとも金融商品取引法の条文を読んでも、具体的な会計処理は定められておらず、代わりに決算書の作成は「一般に公正妥当と認められる企業会計の基準に従うものとする（財務諸表等規則、連結財務諸表等規則）」とされています。

　ここでの「一般に公正妥当と認められる企業会計の基準」とは、「企業会計原則」や各種の会計基準を指します。会計基準とは、企業の決算書の作成についての共通のルールのことです。会計基準自体は法律ではないのですが、金融商品取引法という法律を通して間接的に法的な強制力を持っているのです。日本では、戦後長らく財務省（旧大蔵省）に設置された企業会計審議会が会計基準を設定してきましたが、2001年より民間団体である企業会計基準委員会が設定を行うようになりました。

　会計基準の必要性が強く認識されたのは、1929年のウォール街の株式大暴落後のアメリカでした。当時のアメリカでは、会計基準が存在せず、各企業が自由に会計を行っており、それが粉飾決算の温床となっていたことが指摘されました。そうした反省から、会計士の団体により会計基準が作成され、企業外部の公認会計士によって会計監査を受けるという形式で、アメリカの上場企業の会計は規制を受けるようになりました。

　日本でも戦後、アメリカによる占領下で、会計制度の改革が行われ、公認会計士の制度が樹立されるとともに、1949年に企業会計原則が定められました。アメリカの会計基準の影響を強く受けた企業会計原則では、「発生主義」及び「実現主義」、「取得原価主義」、「費用収益対応原則」といった会計処理の基準が採用されています。商法、法人税法にも大きな影響を与え、改正を促していきました。

　発生主義・実現主義のもとでは現金の出入りによらず、「経済的事象の発生」をもって収益・費用を計上します。たとえば顧客に商品を引き渡した際に、まだ代金を回収していなくても売上という収益が「実現」したとし

て計上されます。また取得原価主義とは、資産の評価を基本的に「いくら
で手に入れたか」で行うことであり、資産の時価にはよりません。取得原
価で評価された商品は売却されたときに初めて売上原価 (費用) となり、固
定資産も取得時は取得原価で計上され、使用に応じて減価償却費として配
分されます。こうした手続きにより直接・間接に収益と費用を対応させ、利
益を計算することを重視するのが企業会計原則の考え方です。収益・費用
アプローチといいます。

　戦後しばらくの間は企業会計原則は、日本の会計基準の中心的な存在と
して、大きな影響力を持ち続けました。しかし、会計基準の国際的な対応、
投資家にとって役立つ会計情報の重視のために、1990年代後半頃より、
次々と新しい会計基準が作成され、その影響力は低下しています。そのた
め、現在の日本の会計基準は企業会計原則のほか、多くの会計基準によっ
て形成されている状態にあります (図表1-7)。本書では、これらをまとめて
「日本基準」と呼ぶことにします。

　続々と設定された会計基準により、上場企業の会計は複雑なものとなっ
てきています。資産について見ても、従来の取得原価中心の資産評価から、
金融商品は積極的に時価で評価するようになりました。有形固定資産も取
得原価を基本としながらも、収益力が低下した場合は「減損」処理を行う
ようになりました。リースやデリバティブの取引に関して、従来は資産と
して認識されていなかった項目も認識するようになるなど、従来とは異な
る会計処理が続々と求められるようになってきました。そのため上場企業
の決算書は、30年ほど前までの企業会計原則中心の時代と比べて、今や大
きく様変わりしたものとなっています。

　なお日本基準のほかにも、一定の要件を満たせば国際会計基準 (25ペー
ジ) やアメリカの会計基準によることもできます。そもそも近年の日本の
会計基準は、国際会計基準やアメリカの会計基準の影響により複雑化した
のであり、現在では日本基準は国際会計基準・アメリカ基準と多くの部分
が共通したものとなっています。

1997年	連結財務諸表制度の見直しに関する意見書
1998年	連結財務諸表制度における子会社及び関連会社の範囲の見直しに係る具体的取扱い
	研究開発等に係る会計基準
	退職給付に係る会計基準
	税効果会計に係る会計基準
	中間連結財務諸表等の作成基準
	連結キャッシュ・フロー計算書等の作成基準
1999年	金融商品に係る会計基準
2002年	固定資産の減損に係る会計基準
	自己株式及び準備金の額の減少等に関する会計基準
2003年	企業結合に係る会計基準
2005年	貸借対照表の純資産の部の表示に関する会計基準
	株主資本等変動計算書に関する会計基準
	ストック・オプション等に関する会計基準
2006年	棚卸資産の評価に関する会計基準
2008年	持分法に関する会計基準

 2　会社法と会計

　上場企業や、上場企業でなくとも株主が多数だったり、社債等で多額の資金を集めていれば金融商品取引法の要請に従わなければなりません。こうした要件に当てはまらない場合でも、会社法は日本のすべての会社が従わなければなりませんので、会社法の会計規定も考える必要があります。

　会社法では「計算書類（貸借対照表、損益計算書、株主資本等変動計算書、個別注記表）」のほか、事業報告、附属明細書の作成をすべての会社に義務付けています（第435条）。これらの書類は会社内部に会計のチェックのために置かれている機関である監査役（会）＊による監査を受けなければなりません（第381条、第389条、第390条）。

　＊委員会等設置会社では、監査役に代えて、監査委員会が監査を行います（第404条）。

計算書類は株主総会に先立って株主に送付され（第437条）、一定期間は会社に計算書類を備え置いて株主・債権者の要求があれば閲覧できるようにしなければなりません（第442条）。会社法の役割は、会社をめぐるさまざまな利害関係者の調整にあるため、非上場企業であっても利害関係者への情報開示が要求されているのです。特に、会社法には「大会社」というカテゴリーがあり、資本金が5億円以上、もしくは負債が200億円以上の会社がそれにあたります（第2条）。このように資金調達の規模が大きい会社は、多くの利害関係者を持ち、社会への影響力も大きいので、会計についても企業外部の会計監査人（公認会計士・監査法人）を置くこと（第328条）や、貸借対照表だけでなく損益計算書も公告しなければならない、などといった規定があります。

　会計処理の方法については、会社法では「株式会社の会計は、一般に公正妥当と認められる企業会計の慣行に従うものとする」と定めています（第431条）。金融商品取引法が適用される会社が従わなければならない各種の会計基準には複雑で手のかかる多くの会計処理が要求されており、非上場企業や中小企業というカテゴリーに属する会社には負担が大きすぎます。法律のうえでも金融商品取引法が従う会計基準のみが「一般に公正妥当と認められる企業会計の慣行」ではないと解釈する向きが一般的です。

　そのため、非上場企業のなかには上場企業とあまり変わらない会計を行っているものもありますが、大多数の中小・中堅企業の決算書は上場企業のものと比べ、簡素なものになっています。具体的には法人税法の規定（あとで見ます）の影響が強く、そうでない部分は従来の企業会計原則中心の会計（収益・費用アプローチ、取得原価）とあまり変わらない会計を行っている、というのが典型的な中小企業の会計のあり方です。

　また、上場企業の会計が複雑化するなかで、非上場企業、中堅・中小企業向けの会計基準も作成されています。これには①「中小企業の会計に関する指針」（日本公認会計士協会、日本税理士協会、日本商工会議所、企業会計基準委員会によって2005年に公表）、②「中小企業の会計に関する基本要領」（「中小企業の会計に関する検討会」によって2012年に公表）、があります。①はかなりの程度

上場企業の会計基準に近く、②は取得原価中心で税法の規定にも沿っています。会社の事務負担や経営者の方針、会計事務所からのアドバイス、融資を行う金融機関からの要請などを考慮し、規模や能力、必要性に応じて、多様な会計が行われているのが中堅・中小企業の実態です。

　なお、純資産については、会社法で具体的に規制が行われています。会社には多くの利害関係者がいます。資金を貸し付けている金融機関、掛け代金のある仕入先、労働を提供し給料を受け取る従業員などは、会社のきわめて重要な利害関係者です。利益が出ているからといって、すべてを株主に配当してしまえば、会社の資金が流出し、債権者への支払いに支障が出るでしょう。まして赤字なのに配当してしまえば、会社の財政状態は危うくなります。そこで会社法は、配当に関して規制を課しており、「分配可能額」を定め、配当を行う事に一定の準備金を積み立てるなどしていました。しかし、こうした配当規制が近年、株主の利益に偏重した規制緩和により、ほとんど形骸化してしまいました。

3　法人税法と会計

　現在の日本基準も、国際会計基準やアメリカの会計基準も、複雑なものであり、中小企業ほど従うのは困難です。一方ですべての会社が従うべき会社法には、あまり具体的な会計処理が規定されていません。そのため、規模の小さい会社ほど、法人税法の影響が大きくなります。

　個人が会社から給料を得たり、飲食店などの事業を行ったり、不動産からの家賃を得たり、所得があれば所得税という税金を払います（また消費には消費税がかかるので、個人は消費税も負担しています）。会社についても同様で、所得（利益）が出れば法人税という税金を払わなければなりません。損益計算書では、当期純利益を以下のように計算しました。

収益 − 費用 ＝ 当期純利益

　法人税法では、所得（課税所得）の計算を以下のように行います。

益金 − 損金 ＝ 課税所得

　そしてこの課税所得に税率をかけて、法人税の金額が決定されます。

　収益と益金、費用と損金が同じであったなら、損益計算書で計算される当期純利益と、税務申告での法人税申告書の課税所得は等しくなります。しかし、実際には収益と益金、費用と損金にはズレが生じるため、当期純利益と課税所得は等しくなりません。

　法人税法においては益金・損金について、「一般に公正妥当と認められる会計処理の基準」に基づくことが定められています (第22条)。会社法の「一般に公正妥当な企業会計の慣行」と類似していますが、税法では、通達などで詳細で具体的な定めがあります。たとえば以下のようなものです。

- 資本金が1億円以上の会社では、基本的に「交際費」を損金として認めない。
- 100%子会社からから受け取った「受取配当金」は益金とならない。
- 有形固定資産の減価償却費は、種類ごとに償却方法や耐用年数が定められており、税法の規定に沿った金額を超えた減価償却を行っても、超過分は損金にならない。

　そのため、会計上の収益・費用と、税法上の益金・損金にズレが生じます。

　会社法の規定では、決算書は株主総会での承認を得ることになっていますが、この決算書に修正を加えて課税所得を計算します。利益を出す見込みのある会社であるなら、法人税法で認められる限度額まで損金を計上して、できるだけ課税所得を小さくしたいと考えるでしょう。そのため、たとえば、減価償却費の計上にあたっては、税法で認められる限度額で、損益計算書に減価償却費を計上することが多いようです。

④ 国際会計基準

　「国際会計基準」とは、具体的にはロンドンに本部を置く国際会計基準審議会 (International Accounting Standards Board: IASB) という団体によって公表されて

いる国際財務報告基準 (International Financial Reporting Standards: IFRS) を指します。

IFRSは、①会計の目的を投資家の意思決定に有用であることとし、②資産・負債アプローチという会計観で、③会計測定の基準として時価を重視している、という特徴があります。経済のグローバル化が進むなか、国境を越えた企業の資金調達、投資家の投資活動に関して、国際的に会計基準を統一すれば同じ基準に基づいて企業を評価できるようになります。IASBは、アメリカのSECや日本の金融庁も参加している証券監督者国際機構 (International Organization of Securities Commissions: IOSCO) からの後押しを受けており、EU域内では2005年以降は上場企業の財務諸表に適用が強制されました。アメリカでは一時、IFRSの強制適用が議論されましたが、結局それには至りませんでした。

さて、日本についても強制適用が検討されていましたが、企業への負担が大きいことから実業界からの反対も強く、会社法・法人税法との整合性などの問題点もあり、アメリカと同様、強制適用には至らず、一定の要件を満たした企業の連結財務諸表のみ、任意適用となっています。もっとも、国際会計基準やアメリカの会計基準へ日本の会計基準を近付けるべく、続々と新しい会計基準が導入されてきたため、日本基準はIFRSと大きな違いはありません。

ただし、決算書の区分表示には大きな違いがあり、注意が必要です。貸借対照表においては、流動・固定の並びが逆で、非流動資産（負債）→流動資産（負債）となっています。また損益計算書の区分は、日本基準より簡素で、営業外、特別といった区分はありません (図表1-8)。

5 個別財務諸表と連結財務諸表、支配力基準

決算書には、「個別」と「連結」の2種類があります。

すべての会社は会社法の規定により、貸借対照表や損益計算書を作成します。また、法人税の申告書は会社法の決算書がベースとなります。上場

図表1-8　IFRS に基づく HOYA の損益計算書（2019年3月期）

継続事業	
収益:	
売上収益	565,810
金融収益	2,773
その他の収益	3,775
収益合計	572,359
費用:	
商品及び製品・仕掛品の増減	△2,763
原材料及び消耗品消費高	86,977
人件費	132,006
減価償却費及び償却費	26,416
外注加工費	5,376
広告宣伝費及び販売促進費	12,719
支払手数料	34,051
減損損失	1,099
金融費用	391
持分法による投資損失	1,113
為替差損益	2,307
その他の費用	128,010
費用合計	427,702
利益:	
税引前当期利益	144,657
法人所得税	22,584
継続事業からの当期利益	122,072
当期利益	122,072

企業は金融商品取引法により、会計基準に従った決算書を作成し、公認会計士の監査を受けます。このように会社は基本的には1社（1法人）を単位として決算書を作成します。これを個別財務諸表といいます。

　多くの子会社を持っている上場企業についてはさらに企業グループ全体の決算書を合算した「連結財務諸表」を作成しなければなりません。現代の企業では特にそうですが、大企業では、親会社を中心に、多くの子会社・関連会社からなる企業グループを形成し活動しています。そうであるなら、上場している親会社だけでなく、企業グループ全体の連結の決算書がなければその実態はつかめません。「○○ホールディングス」のように、上場している親会社は子会社の株式だけ持ち、事業はもっぱら子会社が行っている場合は特にそうです。また、損失を子会社に移し、親会社で利益を出すという手口での粉飾決算を防ぐためにも、連結財務諸表は必要です。

　日本では1975年に連結財務諸表が制度化されましたが、当初は連結の範囲の判定基準として「持株基準」を採用しており、ある企業が他の企業の親会社であることの判断要件は、議決権を有する株式の50％以上を所有しているかどうかがということでした。しかし、持株基準のもとでは、意図的に持株比率を下げる「連結はずし」が横行し、不正会計に悪用されました。1997年に連結に関する会計基準が改定され、持株比率が50％未満でも、ある会社を事実上支配している場合には、親会社・子会社の関係があると判断する「支配力基準」が導入されました。議決権の行使にあたり親会社と同意するものが多くの議決権を持ち、株主・取締役といった人的関係がある、特別な契約等の存在する、融資などの資金関係がある、といった点から「意思決定機関を支配している事実」が認められれば、親会社・子会社と判定され、連結財務諸表を作成しなければなりません。

Part 2

決算書が
読める!

Section 1

ここから始める
経営分析

1　決算書はどこで手に入る？

　Part 1では江崎グリコを例として取り上げ、決算書の説明をしました。あなたが江崎グリコの株主でなくても江崎グリコの決算書を手に入れることは簡単です。ほかにもトヨタ自動車、任天堂、アサヒビール……といった有名な会社の決算書でしたら、すぐに手に入れることができます。

　「EDINET（エディネット）」というワードでインターネット検索をしてみましょう。このサイトの「書類検索」というページから、企業名を検索すれば「有価証券報告書」という書類がPDFファイルで閲覧できます。上場企業であれば、決算後3ヵ月以内に内閣総理大臣に有価証券報告書の提出が義務付けられており、金融庁の運営するEDINETにてそれらが公表されているのです（金融商品取引法第27条）。江崎グリコの最新（2019年3月期）の有価証券報告書を開いてみると、110ページと大部になっています。このなかの、「第5 経理の状況」から連結・単体の財務諸表（決算書）を見ることができます。有価証券報告書は各上場企業のホームページの「企業情報」、「IR情報」、「投資家向け情報」のページでも見ることができます。

　有価証券報告書の作成・提出は、金融商品取引法で定められていますが、上場企業のほか、1億円以上の株式や社債を発行して50名以上の一般投資家から資金を集めている会社（有価証券届出書提出会社）や資本金5億円以上で

株主が1,000人以上の会社も提出が義務付けられています（第24条）。このため、非上場会社であるサントリー・ホールディングスや朝日新聞社、東洋経済新報社、竹中工務店も、社債を発行し多額の資金を集めているため、有価証券報告書を公表しています。

　また金融商品取引法での有価証券報告書の提出が義務付けられていない会社であっても、たとえばセブン・イレブン・ジャパンの場合、同社のホームページにて貸借対照表や損益計算書が閲覧できます。こちらは会社法の定めによるものです。会社法では、すべての株式会社に貸借対照表（大会社の場合は損益計算書も）を官報、日本経済新聞などの日刊新聞、ホームページ等で公告することが義務付けられているためです（第440条）。

　ここでは、大手不動産会社、三菱地所を事例にして、全体をつかむ指標、基本指標を見ます。上場会社なので、有価証券報告書をホームページから入手することができます。2017年度、2018年度の連結貸借対照表は、84ページに、連結損益計算書は、79ページにあります。

２ 木を見ないで森を見る：基本指標

　決算書が入手できるとわかったら、何年分集めればよいのでしょうか。また何から手をつけたらいいのでしょうか。経営分析というと比率を思い浮かべる人もいますが、重要なのは実額です。金額の大きさと変化、傾向を知ることから始めましょう。

　分析をする年数は、長ければ長いほどよいと一般的にはいうことができます。バブル経済崩壊以後の日本企業の変化を見たいということであれば、1990年以降の分析となりますが、ここでは個々の企業の現状や当面している課題を明らかにするというイメージで、7年間の分析を行うことにしました。

　分析の手始めに行うことは、基本指標を並べることです。多くの会計数値のなかから選択した基本指標は、損益計算書のなかから売上高、当期純利益、貸借対照表のなかから純資産、総資産（総資本）、それと従業員数の5

種類です。断らないかぎり、グループ全体を見るために連結貸借対照表、連結損益計算書を用いています。

　売上高によって営業規模を見ます。利益は当期純利益を上げました。

　純資産は、おおざっぱにいえば株主の持ち分ですが、経営分析の世界では自己資本という呼び方が使われています。純資産と呼ぶのか、自己資本と呼ぶのか、この呼び名の違いは、会社を株主のものと見るのか、さまざまな利害関係者を念頭に会社自身のものと見るのか、という考え方の違いが表現されているともいえます。総資産は、総資本ともいい、企業の財産規模を会計から見た金額です。貸借対照表の借方（左側）、貸方（右側）の合計額です。

　有価証券報告書のはじまり部分、「主要な経営指標等の推移」には、従業員数を正規雇用者と臨時雇用者に分けて載せているので、使いました。臨時雇用者の員数は、労働時間の実態から正規雇用者数に換算してあります。臨時雇用者の人数が増え、比重が高くなっています。

　金額と並べて前期比や最初の年と最後の年との倍数を入れましょう。

　三菱地所は、三井不動産、住友不動産とならぶ3大不動産会社です。2018年度の売上高は1兆2,633億円です。最終当期利益が1,520億円、総資産規模は5兆7,742億円です（図表2-1）。丸の内オフィス街の地主、大家さんです。

　2012年度から2018度までの推移を見てみましょう（図表2-1）。売上高は、2012年度9,272億円から、2018年度1兆2,633億円に増加しました。売上高の伸び（成長性といいます）は、2015年度が前年度比90.9%で減収であったほかは、毎年100%を超えています。堅調に売上が伸びてきたことが、わかります。当期純利益は毎年度、増益です。2012年度に比べて、2018年度は、売上高が1.36倍、当期純利益が3.34倍となっています。売上を増やすとともに、利幅もいっそう大きくなったことが特徴です。

　利益が増えるなかで、純資産も増えました。2012年度の1兆3,660億円から2018年度の1兆9,571億円に、1.43倍になりました。総資産は、4兆7,115億円から5兆7,742億円に、1.23倍です。売上高を上回る利益の伸び、売上よりも急激な純資産の伸びが、見てとれます。

| 図表2-1 | 経営基本指標 | | | | | | |

(単位：百万円)

	2012年度	2013年度	前年比	2014年度	前年比	2015年度	前年比
売上高	927,157	1,075,285	116.0%	1,110,259	103.3%	1,009,408	90.9%
当期純利益	45,507	64,297	141.3%	86,825	135.0%	98,278	113.2%
純資産	1,366,011	1,447,093	105.9%	1,640,163	113.3%	1,659,180	101.2%
総資産	4,711,521	4,765,368	101.1%	4,901,526	102.9%	5,311,840	108.4%
従業員数（臨時を含む）	12,211	12,022	98.5%	13,548	112.7%	14,901	110.0%
うち正規雇用者	8,001	7,952	99.4%	8,388	105.5%	8,474	101.0%
うち臨時雇用者	4,210	4,070	96.7%	5,160	126.8%	6,427	124.6%

	2016年度	前年比	2017年度	前期比	2018年度	前期比	18/12倍
売上高	1,125,405	111.5%	1,194,049	106.1%	1,263,283	105.8%	1.36
当期純利益	116,808	118.9%	137,749	117.9%	151,981	110.3%	3.34
純資産	1,767,460	106.5%	1,879,088	106.3%	1,957,105	104.2%	1.43
総資産	5,484,115	103.2%	5,801,450	105.8%	5,774,193	99.5%	1.23
従業員数（臨時を含む）	14,983	100.6%	14,989	100.0%	16,119	107.5%	1.32
うち正規雇用者	8,642	102.0%	8,856	102.5%	9,439	106.6%	1.18
うち臨時雇用者	6,341	98.7%	6,133	96.7%	6,680	108.9%	1.59

　従業員数は、1.36倍の売上高の伸びに比べて、1.32倍とあまり増えていません。正規雇用者は1.18倍でほとんど増えておらず、臨時雇用者は1.59倍です。この臨時雇用者数は、平均的に雇用されている人数です。一般的に正規雇用者に比べて臨時雇用者の人件費のほうが低いと考えられるので、この差が、利益の増加の要因になっていることを指摘することができます。

　全体として、三菱不動産グループが規模を拡大しながら、売上に対する利幅を大きくしてきたことがわかります。

　この時期、都市開発の規制緩和が行われ、特区も活用した高層化が進みました。東日本震災からの復興や東京オリンピックを当て込んだ需要も不

動産業界に利益をもたらしています。2013年からの異次元金融緩和、アベノミクスによって、不動産業界への資金が流入しています。三菱地所の高収益には、こうした背景があります。

Section 2

損益計算書の 読み方

1 基本的な項目を並べる

全体についての見通しを持ったところで、損益計算書を分析します。ここでも並べてながめることから始めます。基本指標と同様に、前期比や倍数欄を設けます。

損益計算書には、日本基準とIFRS基準とによって作成されているものがあります。当期利益までの表示は、それぞれ以下の通りです。

【日本基準】

　売上高
−売上原価
　売上総利益❶
−販売費及び一般管理費
　営業利益❷
＋営業外収益
−営業外費用
　経常利益❸
＋特別利益
−特別損失
　税引前当期純利益❹

±法人税関連

　　当期純利益❺

　日本基準では、表示される利益は、番号をふった5種類です。これに対応するIFRS基準の損益計算書で表示される利益は、番号をふった4種類の場合が多いようです。

【IFRS基準】

　　売上高

－売上原価

　　売上総利益❶

－営業に関わる費用

　　営業利益❷

±金融費用や投資損益

　　税引前当期純利益❸

±法人税関連

　　当期純利益❹

　IFRS基準は、細かく区分を定めているわけではないので、営業外収益、営業外費用、特別利益、特別損失という区別がありません。そこで経常利益が明示されません。ここでは日本基準を採用している三菱地所を取り上げているので、経常利益を活用しながら、損益計算書の推移を見ることにします (図表2-2)。不動産業では、物やサービスの販売だけでなく、家賃収入にあたる収益が主なので、営業収益が売上高に、営業原価が売上原価にあたります (79ページ)。

　売上高は、2012年度の9,272億円から2018年度の1兆2,633億円へ、7年間に1.36倍でした。売上原価は1.28倍、販売費及び一般管理費は1.23倍の伸びにとどまっているので、営業利益は1,183億円から2,292億円へ1.94倍、ほぼ倍増しました。

　図表2-2にはありませんが、営業外収益と営業外費用を加算して、営業外差損を計算してみると、2012年度は260億円、2018年度は226億円となり、負担が減っていることがわかります。この結果、経常利益は2012年度

（単位：百万円）

	2012年度	2013年度	前年比	2014年度	前年比	2015年度	前年比
売上高	927,157	1,075,285	116.0%	1,110,259	103.3%	1,009,408	90.9%
売上原価	733,392	836,249	114.0%	869,318	104.0%	764,863	87.1%
売上総利益	193,765	239,035	123.4%	240,941	100.8%	244,544	104.8%
販売費及び一般管理費	75,415	77,764	103.1%	84,609	108.8%	78,345	102.1%
営業利益	118,349	161,271	136.3%	156,332	96.9%	166,199	106.3%
営業外収益	10,136	9,323	92.0%	9,087	97.5%	10,949	120.5%
営業外費用	36,104	30,956	85.7%	32,306	104.4%	32,296	100.0%
経常利益	92,381	139,638	151.2%	133,113	95.3%	144,851	108.8%
特別利益	7,540	11,644	154.4%	48,807	419.2%	19,421	39.8%
特別損失	43,181	42,596	98.6%	81,719	191.8%	22,423	27.4%
税金等調整前当期純利益	56,741	108,685	191.5%	100,201	92.2%	141,850	141.6%
法人税等合計	1,907	40,728	2135.7%	13,375	32.8%	43,571	325.8%
当期純利益	54,833	67,957	123.9%	86,825	127.8%	98,278	113.2%
非支配株主当期利益	9,325	3,660	39.2%	13,487	368.5%	14,851	110.1%
親会社株主当期利益	45,507	64,297	141.3%	73,338	114.1%	83,426	113.8%

	2016年度	前年比	2017年度	前期比	2018年度	前期比	18/12倍
売上高	1,125,405	111.5%	1,194,049	106.1%	1,263,283	105.8%	1.36
売上原価	847,725	112.0%	890,237	105.0%	940,976	105.7%	1.28
売上総利益	277,680	109.9%	303,812	109.4%	322,306	106.1%	1.66
販売費及び一般管理費	85,184	98.6%	90,765	106.6%	93,128	102.6%	1.23
営業利益	192,495	115.8%	213,047	110.7%	229,178	107.6%	1.94
営業外収益	9,380	85.7%	10,447	111.4%	12,391	118.6%	1.22
営業外費用	32,024	99.2%	32,988	103.0%	34,983	106.0%	0.97
経常利益	169,851	117.3%	190,506	112.2%	206,587	108.4%	2.24
特別利益	16,484	84.9%	14,719	89.3%	8,170	55.5%	1.08
特別損失	23,455	104.6%	13,768	58.7%	3,818	27.7%	0.09
税金等調整前当期純利益	162,881	114.8%	191,457	117.5%	210,939	110.2%	3.72
法人税等合計	46,073	105.7%	53,707	116.6%	58,958	109.8%	30.92
当期純利益	116,808	118.9%	137,749	117.9%	151,981	110.3%	2.77
非支配株主当期利益	14,126	95.1%	17,305	122.5%	17,372	100.4%	1.86
親会社株主当期利益	102,681	123.1%	120,443	117.3%	134,608	111.8%	2.96

の924億円から2018年度の2,066億円へ、2.24倍になっています。

　特別利益と特別損失についての差額である特別損益も計算してみます。2012年度は差損が356億円、2018年度は差益が44億円です。税金等調整前利益は、2012年度の567億円から2018年度の2,109億円に、3.72倍です。このように、三菱地所の7年間の損益は、損益計算書の上から下にいくにしたがって、利益の伸びが大きくなっているのです。

　連結の損益計算書には、最終的な当期純利益の金額の下に、非支配株主当期利益と親会社株主当期利益の欄があり、それぞれに当期純利益が分かれて載っています。連結をしている子会社は、すべて100％子会社ではなく、三菱地所以外の株主がいます。この株主が非支配株主です。親会社というのは三菱地所のことです。

　7年間に当期純利益が2.77倍になるなかで、非支配株主当期利益は1.86倍、親会社株主当期利益は2.96倍です。このことは、親会社株主持ち分の割合の大きい子会社の方が利益の伸びが大きいことを意味しています。

② 利益の増減原因が一目でわかる表の作り方

　売上の増（増収）を上回って増加している当期利益（増益）の原因を調べましょう。利益が増減する要因を調べるには、実額を見る方法と売上高を100として比率を見る方法があります。比率を見る方法の全体は、あとで見る（Part 3）として、ここでは主に実額の増減を調べます。2012年度と2018年度の当期純利益の増加額、971億円が生じた要因を見ましょう（図表2-3）。この表では、金額の重複をさけるために、売上総利益、営業利益、経常利益、税引前利益の欄は、載せていません。

　当期純利益が971億円増えた要因は、売上高の増加3,361億円よりも売上原価の増加2,076億円が下回ったことです。この差額1,285億円が売上総利益の増加です。営業外収益の増加と営業外費用の減少が合計で34億円、これも利益の増加要因です。案外大きいのは特別損失の減少394億円です。

図表2-3　当期純利益の増減要因分析

(単位：百万円)

	2012年度	2018年度	増益要因	減益要因
売上高	927,157	1,263,283	336,126	
売上原価	733,392	940,976		207,584
販売費及び一般管理費	75,415	93,128		17,713
営業外収益	10,136	12,391	2,255	
営業外費用	36,104	34,983	△1,121	
特別利益	7,540	8,170	630	
特別損失	43,181	3,818	△39,363	
法人税等合計	1,907	58,958		57,051
要因の合計			379,495	282,348
当期純利益	54,833	151,981		97,148

　「売上高の増加を下回った売上原価」ですが、より鮮明にするために、売上高を100として原価率で見てみると、以下のようになります。

	2012年度	2018年度
売上原価比率	79.1%	74.5%
売上総利益比率	20.9%	25.5%

　原価率が4.6%も下がっています。本業の利幅が拡大しており、事業環境が有利であることに加え、事業内容が大きく変化して、利幅の大きな事業にシフトしていることが考えられます。

　前述の臨時雇用者の増加による人件費の削減は、原価率の低下と販売管理費の抑制につながっています。事例は増益の例ですが、利益が減る場合や損失が出る場合は、いっそう原因の分析が重要です。売上原価、販売費一般管理費、営業外費用、特別損失の内訳に立ち入って、変化を調べることが必要です。経営分析は、未来を予測することはできませんが、過去と現状については明らかにすることができます。

Section 3

貸借対照表の読み方

1 資産、負債、純資産を大くくりしよう

　細かい勘定科目の変化にとらわれて、「木を見て森を見ない」ことにならないように、大くくりにします。流動資産、固定資産、流動負債、固定負債、純資産、5つのグループをそれぞれ、次のように、まとめてしまいましょう。

　流動資産は、当座資産、棚卸資産、その他の流動資産の3分類を設けて、当座資産は、現金預金、売上債権、有価証券の内訳を設けます。わかりやすくするために金額数値を入れておきました。

流動資産	100
当座資産	60
現金・預金	20
売上債権	25
有価証券	15
棚卸資産	30
その他流動資産	10

　当座資産とは、現金預金、売上債権、有価証券の合計です。最も換金性の高い資産のことです。不良在庫となっているおそれがある棚卸資産を含

まないことがポイントです。当座比率を計算するときに使います（65ページ）。売上債権とは、売掛金や受取手形のことです。棚卸資産は、商品、製品、仕掛品、半製品、貯蔵品、の総称です。建設業では、未成工事支出金が仕掛品にあたります。

　固定資産は、有形固定資産、無形固定資産、投資その他の資産の3つに大きく分けます。この区分は、たいていの決算書でも同じようになっています。

固定資産	150
有形固定資産	90
無形固定資産	10
投資その他の資産	50

　有形固定資産は、土地、建物及び構築物、機械装置及び運搬具、建設仮勘定などです。購入したときの値段（取得原価）で計上し、減価償却や減損をして、減らしていきます。減額したあとの金額を簿価といいます。このうち建設仮勘定は、未完成の有形固定資産への支出額なので、減価償却や減損（77ページ）はしません。

　無形固定資産は、営業権（のれん）、ソフトウェア、特許権、借地権といった無形の財産です。取得した額、支出した金額で計上されます。のれんは、20年償却か減損か、あるいはそれら両方の手続きによって減額されていきます。

　投資その他の資産は、投資有価証券、出資金、子会社株式、繰延税金資産などです。

　負債も流動負債と固定負債とに分かれています。流動負債は、買入債務と有利子負債とその他流動負債とに区分します。

流動負債	70
買入債務	15
有利子負債	50
その他流動負債	5

流動負債の買入債務とは、買掛金、支払手形などの仕入れに伴う債務です。有利子負債とは、短期借入金、コマーシャルペーパー（CP）、1年以内返済予定長期借入金、1年以内返済予定社債の合計です。CPは、短期の資金調達のために発行した約束手形です。その他流動負債は、未払金、預り金、税金関係の未払いです。

固定負債	55
有利子負債	30
その他固定負債	25

　固定負債も、有利子負債とその他の固定資産に、2区分にまとめます。有利子負債は、長期借入金と社債です。その他の固定負債のなかの繰延税金負債（77ページ）、退職給付債務（82ページ）は、大きな額である場合もあります。

純資産	125
株主資本	100
資本金	30
資本剰余金	30
利益剰余金	45
自社株	−5
その他包括利益累積	10
新株予約権	5
非支配株主持分	10

　純資産は、株主資本とその他の包括利益（80ページ）、新株予約権、非支配株主持分に分けます。株主資本は、資本金、資本剰余金、利益剰余金、自社株（自己株式〔83ページ〕）です。自社株は、発行した自社の株を取得した金額なので、マイナスの表記になります。

2 並べて眺めよう

それでは三菱地所の2012年度から2018年度の資産、負債・純資産の推移を調べましょう。まず並べます。資産の推移からです (図表2-4)。

資産合計は、2018年度だけ、前年度に比べてわずかに減少していますが、2012年度の4兆7,115億円から2018年度には5兆7,742億円に、1.23倍、つまり23%増しでした。個々の項目を見てみると、増え方の大きい項目、小さい項目や減少している項目もあります。

そこで、2012年度と2018年度のみの資産の増減表を作ります (図表2-5)。

資産全体は、1兆627億円増加しました。その内訳は、固定資産が3兆6,847億円から4兆7,013億円へ1兆166億円増で、増加のほとんどです。固定資産のなかでは、有形固定資産8,642億円の増、投資その他の資産1,516億円の増です。不動産事業が本業ですから、家賃収入などの収益を上げる自己保有不動産を増やしていることがわかります。投資その他の資産は、連結されない関連会社の株式や長期にわたって出資している事業やファンド、敷金及び保証金です。

一方、流動資産は1兆268億円から1兆729億円へ461億円の増加、総資産の増加の4.3%にすぎませんでした。項目ごとの変化は、ばらばらで、現金預金は153億円減少しました。後述しますが、売上高が増えているなかで、現金預金が減少しているので、手元流動性 (56ページ) は低下しています。旺盛な不動産投資が進行していることの裏返しです。売上債権は327億円の増加、2.1倍増です。営業収入の増加を上回っています。有価証券は62億円の増加、10倍以上の増加で、余剰資金の運用も、しっかり行っていることがわかります。ですが絶対的に大きな金額ではありません。

棚卸資産は5,110億円から3,615億円へ1,496億円の減少でした。3割近い棚卸資産の減少は、その主たる項目である販売用不動産の減少です。販売用不動産の減少から、三菱地所の事業が、販売よりも保有不動産の運用にシフトしていることがわかります。他方、その他の流動資産は2,931億円から4,652億円へ1,721億円の増加でした。その他の流動資産の主な項目は、

図表2-4　資産の推移

	2012年度	2013年度	前年比	2014年度	前年比	2015年度	前年比
流動資産	1,026,773	946,522	92.18%	950,806	100.45%	1,233,935	129.78%
当座資産	222,613	253,993	114.10%	235,221	92.61%	448,258	190.55%
現金預金	192,076	224,121	116.68%	197,169	87.97%	412,983	209.46%
売上債権	29,925	28,539	95.37%	35,873	125.70%	35,261	98.17%
有価証券	612	1,333	217.81%	2,179	163.47%	14	0.64%
棚卸資産	511,034	402,655	78.79%	382,649	95.03%	439,042	114.74%
その他流動資産	293,122	289,869	98.89%	332,932	114.89%	346,630	104.09%
固定資産	3,684,748	3,818,846	103.64%	3,950,719	103.45%	4,077,904	103.22%
有形固定資産	3,223,836	3,328,605	103.25%	3,346,013	100.52%	3,551,062	106.13%
無形固定資産	94,432	96,052	101.72%	120,232	125.17%	107,784	89.65%
投資その他の資産	366,479	394,188	107.56%	484,473	122.90%	419,058	86.50%
資産合計	4,711,521	4,765,368	101.14%	4,901,526	102.86%	5,311,840	108.37%

	2016年度	前年比	2017年度	前期比	2018年度	前期比	18/12倍
流動資産	1,081,690	87.66%	1,217,690	112.57%	1,072,869	88.11%	1.04
当座資産	301,019	67.16%	340,042	112.96%	246,184	72.40%	1.11
現金預金	243,681	59.01%	287,153	117.84%	176,814	61.57%	0.92
売上債権	43,823	124.44%	44,670	101.93%	62,603	140.15%	2.09
有価証券	13,515	96535.71%	8,219	60.81%	6,767	82.33%	11.06
棚卸資産	408,293	93.00%	434,636	106.45%	361,453	83.16%	0.71
その他流動資産	372,376	107.43%	443,008	118.97%	465,228	105.02%	1.59
固定資産	4,402,424	107.96%	4,583,759	104.12%	4,701,323	102.56%	1.28
有形固定資産	3,856,757	108.61%	3,981,871	103.24%	4,088,084	102.67%	1.27
無形固定資産	99,542	92.35%	94,241	94.67%	95,128	100.94%	1.01
投資その他の資産	446,125	106.46%	507,646	113.79%	518,110	102.06%	1.41
資産合計	5,484,115	103.24%	5,801,450	105.79%	5,774,193	99.53%	1.23

図表2-5　資産の増減表

（単位：百万円）

	2012年度	2018年度	増減額
流動資産	1,026,773	1,072,869	46,096
当座資産	222,613	246,184	23,571
現金預金	192,076	176,814	△15,262
売上債権	29,925	62,603	32,678
有価証券	612	6,767	6,155
棚卸資産	511,034	361,453	△149,581
その他流動資産	293,122	465,228	172,106
固定資産	3,684,748	4,701,323	1,016,575
有形固定資産	3,223,836	4,088,084	864,248
無形固定資産	94,432	95,128	696
投資その他の資産	366,479	518,110	151,631
資産合計	4,711,521	5,774,193	1,062,672

このエクイティ出資ですが、通常の出資であれば、固定資産の投資その他の資産になるはずです。ところがエクイティ出資は、流動資産で1年基準が適用されることから、出資の引き上げ期限が決められている不動産ファンドへの参加の類と見られます。

　次に負債と純資産の金額も並べましょう（図表2-6）。

　このままでは、わかりにくいので、資産と同じように、項目ごとの増減表を作りましょう（図表2-7）。

　負債・純資産の側では、資本剰余金が減少した以外は、増加しました。自己株式は、自社株の買い取りですから、資本の減少です。マイナスが増えているので、自己株式は増加しています。純資産の変化については、毎年、株主資本等変動計算書が公表されています（86ページ）。資本剰余金が減少する原因として、自己株式の消却が考えられます。

　負債純資産合計が1兆627億円増えていますが、そのうち負債の増加は

図表2-6　負債・純資産の推移

(単位：百万円)

	2012年度	2013年度	前年比	2014年度	前年比	2015年度	前年比
流動負債	539,444	767,747	142.32%	519,707	67.69%	670,877	129.09%
買入債務	53,044	105,271	198.46%	95,632	90.84%	58,331	61.00%
有利子負債	327,303	463,484	141.61%	232,723	50.21%	344,799	148.16%
その他流動負債	159,093	198,989	125.08%	191,349	96.16%	267,744	139.92%
固定負債	2,806,065	2,550,527	90.89%	2,741,655	107.49%	2,981,782	108.76%
有利子負債	1,747,904	1,500,052	85.82%	1,689,387	112.62%	1,939,426	114.80%
その他の固定負債	1,058,161	1,050,475	99.27%	1,052,268	100.17%	1,042,356	99.06%
負債合計	3,345,509	3,318,275	99.19%	3,261,362	98.28%	3,652,660	112.00%
資本金	141,373	141,373	100.00%	141,373	100.00%	141,373	100.00%
資本剰余金	170,485	170,485	100.00%	162,638	95.40%	161,188	99.11%
利益剰余金	413,392	465,757	112.67%	538,687	115.66%	600,116	111.40%
自己株式	△4,585	△4,811	104.93%	△5,259	109.31%	△5,385	102.40%
株主資本合計	720,666	772,805	107.23%	837,440	108.36%	897,293	107.15%
その他の包括利益累計額	518,881	556,252	107.20%	658,398	118.36%	612,387	93.01%
新株予約権	500	494	98.80%	500	101.21%	529	105.80%
非支配株主持分	125,963	117,540	93.31%	143,825	122.36%	148,970	103.58%
純資産合計	1,366,011	1,447,093	105.94%	1,640,163	113.34%	1,659,180	101.16%
負債純資産合計	4,711,521	4,765,368	101.14%	4,901,526	102.86%	5,311,840	108.37%

	2016年度	前年比	2017年度	前期比	2018年度	前期比	18/12倍
流動負債	586,623	87.44%	665,091	113.38%	688,942	103.59%	1.28
買入債務	56,099	96.17%	61,169	109.04%	57,967	94.77%	1.09
有利子負債	320,771	93.03%	372,991	116.28%	392,221	105.16%	1.20
その他流動負債	209,751	78.34%	230,929	110.10%	238,753	103.39%	1.50
固定負債	3,130,031	104.97%	3,257,270	104.07%	3,128,145	96.04%	1.11
有利子負債	2,070,566	106.76%	2,103,893	101.61%	1,922,782	91.39%	1.10
その他の固定負債	1,059,465	101.64%	1,153,377	108.86%	1,205,363	104.51%	1.14
負債合計	3,716,654	101.75%	3,922,362	105.53%	3,817,088	97.32%	1.14
資本金	141,659	100.20%	141,898	100.17%	142,023	100.09%	1.00
資本剰余金	161,477	100.18%	161,819	100.21%	162,498	100.42%	0.95
利益剰余金	674,259	112.35%	763,277	113.20%	858,581	112.49%	2.08
自己株式	△5,489	101.93%	△5,294	96.45%	△5,278	99.70%	1.15
株主資本合計	971,906	108.32%	1,061,700	109.24%	1,157,824	109.05%	1.61
その他の包括利益累計額	620,870	101.39%	636,648	102.54%	612,319	96.18%	1.18
新株予約権	529	100.00%	326	61.63%	302	92.64%	0.60
非支配株主持分	174,154	116.91%	180,412	103.59%	186,159	103.19%	1.48
純資産合計	1,767,460	106.53%	1,879,088	106.32%	1,957,105	104.15%	1.43
負債純資産合計	5,484,115	103.24%	5,801,450	105.79%	5,774,193	99.53%	1.23

図表2-7 負債・純資産の増減表

(単位：百万円)

	2012年度	2018年度	増減額
流動負債	539,444	688,942	149,498
買入債務	53,044	57,967	4,923
有利子負債	327,303	392,221	64,918
その他流動負債	159,093	238,753	79,660
固定負債	2,806,065	3,128,145	322,080
有利子負債	1,747,904	1,922,782	174,878
その他の固定負債	1,058,161	1,205,363	147,202
負債合計	3,345,509	3,817,088	471,579
資本金	141,373	142,023	650
資本剰余金	170,485	162,498	△7,987
利益剰余金	413,392	858,581	445,189
自己株式	△4,585	△5,278	△693
株主資本合計	720,666	1,157,824	437,158
その他の包括利益累計額	518,881	612,819	93,938
新株予約権	500	302	△198
非支配株主持分	125,963	186,159	60,196
純資産合計	1,366,011	1,957,105	591,094
負債純資産合計	4,711,521	5,774,193	1,062,672

4,716億円、純資産の増加は5,911億円でした。三菱地所は、負債のほうが大きい企業なので、この6年間は内部留保、自己資金の調達の割合が大きかったことがわかります。

　負債の内訳では、固定負債が2兆8,061億円から3兆1,281億円へ3,221億円、流動負債が5,394億円から6,890億円へ1,495億円の増加でした。流動負債のうち有利子負債は、1年以内に返済する固定負債がほとんどなので、有利子負債総額の増加、2,398億円による資金調達の割合は高かったといえ

ます。固定負債のうちのその他の固定負債は増加のうち受入敷金保証金が4,144億円から4,401億円に増加し、無利子の資金調達源泉になっています。退職給付債務も、従業員数増に伴う退職給付が企業外に積み立てられずに、事業の資金調達源になっている項目です (82ページ)。

3 全体を理解するには 資金の使途と調達の表を作る

　どの項目が増えて、どの項目が減ったがわかっただけでは、意味がよくわかりません。そこで、資金の使途と資金の源泉という視点から、増減額を関連付けてみましょう。資金の使途と調達の関係を見ます。以下の通りになります。

資金の使途	資金の源泉
資産の増加	資産の減少
負債の減少	負債の増加
純資産の減少	純資産の増加

　図表2-5、図表2-7から、金額を拾って、まとめてみます (「資金運用表」といいます) (図表2-8)。ここでは流動資産と流動負債、固定資産と固定負債、純資産とを対応させました。

　この図表を解釈するには、三菱地所の利益の上げ方、事業の類型から解釈するといいと思います。大きく分けて3種類あって、1つは不動産販売、もう1つは保有する不動産の運用、3つ目は投資その他です。

　流動資産の使途と調達から見ていきます。売上債権の増加とそれを上回るその他流動資産の増加、棚卸資産の減少が目立っています。棚卸資産が減少していることから、不動産販売は縮小していることがわかります。その他流動資産が1,720億円の増加したのは、エクイティ出資が2,090億円から3,870億円に増加したことが原因です。

（単位：百万円）

資金の使途		資金の調達	
増加した流動資産			**減少した流動資産**
売上債権	32,678	△15,262	現金預金
有価証券	6,155	△149,581	棚卸資産
その他流動資産	172,106		
			増加した流動負債
		4,923	買入債務
		64,918	有利子負債
		79,660	その他流動負債
小計	210,939	314,344	
増加した固定資産			**増加した固定負債**
有形固定資産	864,248	174,878	有利子負債
無形固定資産	696	147,202	その他の固定負債
投資その他の資産	151,631		
減少した純資産			**増加した純資産**
新株予約権	△198	437,158	**株主資本合計**
		93,938	**その他の包括利益累計額**
		60,196	**非支配株主持分**
小計	1,016,773	913,372	
合計	1,227,712	1,227,716	

　不動産販売から、保有不動産の運用や出資参加にシフトしていることがわかります。もう1つ売上債権は、不動産販売事業に関する債権だけではないので、棚卸資産の減少とは連動していません。

　流動資産の増加2,110億円に対して、その調達源泉である流動資産の減少と流動負債の増加の合計3,140億円が釣り合っていないように見えます。その理由として、流動負債の有利子負債増加650億円のうち、1年以内返済

予定の長期借入金と1年以内償還予定社債の増加額は820億円であることから、説明がつくと思います。820億円を固定負債に移すと、流動負債の増加は2,320億円となり、流動資産の増加、2,109億円と、ほぼ釣り合っていることがわかります。

　次に固定資産の使途と調達です。有形固定資産の8,640億円の増加が、最大の投資です。この資金調達は、有利子負債1,750億円、さらに流動負債に含まれていた長期借入金と社債の増加額820億円で2,570億円、ほかは利益の内部留保による株主資本合計の増加4,370億円、同じく非支配株主持分の増加600億円、ざっと合計7,540億円によるものです。

　一言でまとめれば、三菱地所の事業は、不動産販売から、保有不動産の運用や不動産運用事業等への資本参加にシフトしており、そのための資金調達は利益の内部留保のほかに、有利子負債を積極的に活用しているということです。

(参考) 岩見良太郎「歯止めなき東京乱再開発と2020年問題」『経済』2018年4月号、No.271、新日本出版社、46–58ページ。

Part 3

比率を
使いこなす

Section 1

////////////

経営分析指標（1）
収益性の分析

---

1 経営分析の比率には 関係比率と構成比率がある

　経営分析というと「比率」だと思っている人がいます。これは間違いです。まずはこれまでに見てきたように、「実額を並べて読み取る」です。でも比率は実額の変化の意味をより鮮明にしてくれます。

　比率には、全体を100として項目の割合を見る構成比率と、ある金額とほかの金額との関係に注目する関係比率とがあります。

　構成比率は、損益計算書の売上高を100として、費用や収益の割合を見る100％損益計算書や、貸借対照表の総資産＝負債・純資産合計を100として、各項目の割合を出す100％貸借対照表があります。

　関係比率にはいろいろありますが、ある金額とほかの金額との関係に意味があるとして、比率にしたものです。関係比率は、損益計算書や貸借対照表の枠組みにとどまらず、経営分析独自の役割を果たしているので、経営分析らしい比率といえます。

　会社の数値を合算した統計、たとえば『法人企業統計』の数値を用いれば、民間企業セクターの全体がわかるので、個別企業の経営分析にとどまらず、経済学の分析にも活用されます。比率を目的によって大きく分けると、収益性（儲ける力）を見る比率と財務安定性（資金繰りは大丈夫か）を見る比

率があります。

2 儲ける力を見る中心は資本利益率

　企業の儲ける力、つまり収益性を見る指標の代表的な比率は、資本利益率です。投下した資本がどれだけ利益を生み出したのか、経済学にも通じる典型的な関係比率です。よく使われているのは、総資本利益率（ROA）と自己資本利益率（ROE）です。ROAは、「Return on Asset」の略で、総資産利益率ともいいます。ROEは、「Return on Equity」の略です。株主資本利益率ともいいます。

$$\text{資本利益率} = \frac{\text{利益}}{\text{資本}} \times 100\%$$

$$\text{総資本利益率（ROA）} = \frac{\text{経常利益}}{\text{総資本}} \times 100\%$$

$$\text{自己資本利益率（ROE）} = \frac{\text{当期純利益}}{\text{自己資本}} \times 100\%$$

❶ 貸借対照表の金額は期中平均しよう

　資本利益率を計算するとき、貸借対照表の金額は、期中平均をするほうが適切です。その理由は、決算したときに作成される貸借対照表は、期末時点の資産、負債、純資産の金額です。一方、損益計算書の金額は、期首から期末までに発生した収益と費用を集めた計算書です。

　そこで損益計算書の金額と貸借対照表の金額を、1つの算式のなかで用いるときは、貸借対照表の金額を、期首と期末と合計して平均する「期中平均」した金額を使います。貸借対照表項目の期中平均を用いるのは、資本利益率の算定だけではありません。

❷ ROAとROEはどう違うのか

　ROAは、その事業にどれだけの額の資本が投資されていて、どれだけの利益が上がっているかを見る指標です。ここでは、資本を負債によるもの（他人資本）と自己資金によるもの（自己資本）とを区別していません。分子となる利益は、事業が上げた通常の利益である経常利益を用います。英語ROAの分母は総資産、資産の合計額なので、保有されている資産をイメージしています。総資本利益率と資産利益率、数値は同じですが、微妙に違います。

　ROEは、もっぱら自己資本が上げた利益を見る指標です。分子には、配当や自社株買いの源泉となる税引き後の当期純利益を使います。株主、投資家のための指標です。ここでも自己資本利益率、株主資本利益率、数値は同じですが、純資産を会社のものと見るのか、株主のものと見るのか、考え方の違いがあります。

❸ 資本利益率の分解とは何か

　総資本利益率は、売上高を介して、総資本回転率と売上高利益率に分解されます。小さい総資本で多くの売上を上げようとする回転と売上単位の利幅を見るマージンです。「薄利多売」という言葉があります。これは総資本回転率は高いが、売上高利益率は低いという、卸売業のような利益の上げ方を表現しています。

$$総資本利益率\left(\frac{利益}{総資本}\right) = 総資本回転率\left(\frac{売上高}{総資本}\right)$$

$$\times 売上高利益率\left(\frac{利益}{売上高}\right) \times 100\%$$

　自己資本利益率の分解も有名です。総資本利益率の要素が入っています。自己資本利益率は総資本利益率に財務レバレッジをかけたものです。

$$自己資本利益率\left(\frac{利益}{自己資本}\right) = 総資本回転率\left(\frac{売上高}{総資本}\right)$$

$$\times 売上高利益率\left(\frac{利益}{売上高}\right)$$

$$\times 財務レバレッジ\left(\frac{総資本}{自己資本}\right)$$

$$\times 100\%$$

　自己資本利益率には、財務レバレッジの要素が含まれていて、総資本に占める自己資本の割合が低いほど、高くなります。コストの低い負債であれば、大いに活用すべし、です。「レバレッジをかける」といういい方をします。

4 三菱地所を分析してみよう

　図表3-1を見てみましょう。

　三菱地所の総資本利益率は、2.0%から3.6%へ上昇しました。その原因は、総資本回転率の向上（0.20回転から0.22回転）というよりも、売上高経常利益率が10.0%から16.4%にあったことがわかります。比率とは、このように実額の変化をより簡潔、明瞭に示します。

図表3-1　収益力の分析

	2012年度	2013年度	2014年度	2015年度	2016年度	2017年度	2018年度
総資本経常利益率	2.0%	2.9%	2.8%	2.8%	3.1%	3.4%	3.6%
売上高経常利益率	10.0%	13.0%	12.0%	14.4%	15.1%	16.0%	16.4%
総資本回転率 (回)	0.20	0.23	0.23	0.20	0.21	0.21	0.22
総資本営業利益率	2.6%	3.4%	3.2%	3.3%	3.6%	3.8%	4.0%
自己資本利益率	4.0%	4.6%	5.6%	6.0%	6.8%	7.6%	7.9%

図表3-2　自己資本利益率の分解		
	2012年度	2018年度
自己資本利益率	4.0%	7.9%
売上高当期純利益率	5.9%	12.0%
総資本回転率	0.20回	0.22回
財務レバレッジ	3.32倍	3.02倍

　自己資本利益率は、4.0%から7.9%に、さらに明確に上昇しました。基本指標を分析したときに「売上高を上回る利益の伸び、売上よりも急激な純資産の伸びが、見てとれます」としました（32〜33ページ）。この指摘に対応しています。自己資本利益率の変化を分解を使って要因を調べましょう（図表3-2）。自己資本利益率は、税引き後の当期純利益を使うので、総資本経常利益率よりも変動しがちな特別損益や法人税調整額を反映してしまうという欠点があることを指摘しておきます。

　分解すると、自己資本利益率の大幅な上昇は、もっぱら売上高当期利益率の上昇、利幅の大幅拡大にあったことがわかります（図表3-2）。財務レバレッジは、3倍を超えていて、負債は大きいものの、わずかながら低下していることがわかります。

⑤ 資本回転率に関連する比率には何がある？

　図表3-3を見てみましょう。総資本回転率や有形固定資産回転率は、売上高が分子にあります。売上債権回転期間、買入債務回転期間、借入金月商倍率、現金預金月商倍率では、売上高が分母になっています。何日分の、何ヵ月分の売上に当たるのか、を見ています。回転率は、速いほうがよく、回転期間は、短いほうが良好です。

　なお純借入高は、短期借入金、長期借入金、社債などの有利子負債から現金預金を引き算した純額を使います。現金預金月商倍率は、手持ち資金の余裕度、逼迫度を見る比率です。手元流動性ともいいます。

$$総資本回転率（回）= \frac{売上高}{期中平均総資本}$$

$$有形固定資産回転率（回）= \frac{売上高}{期中平均有形固定資産}$$

$$売上債権回転期間（日数）= \frac{期中平均売上債権}{1日当たり売上高}$$

$$買入債務回転期間（日数）= \frac{期中平均買入債務}{1日当たり売上高}$$

$$借入金月商倍率（月数）= \frac{期中平均純借入高}{1ヵ月当たり売上高}$$

$$\frac{現金預金月商倍率}{（手元流動性・月数）}= \frac{期中平均現金預金}{1ヵ月当たり売上高}$$

⑥ 三菱地所の回転率と回転期間

　総資本回転率がやや改善されるなかで、有形固定資産回転率は、ほとんど変わりません (図表3-4)。運用する不動産を増やしてることがわかります。棚卸資産や買入債務が売上高に対して減っているなかで、売上債権回転期間は2013年度以降長くなっています。これは不動産販売以外の保有不動産運用が増加することに伴う、典型的には受取家賃、受取手数料の類いの未収が増えていると推察されます。

　ひと月分の売上高に対する借入金の月商倍率は、わずかではあるが下がってきており、借入の増加が売上増を下回っていることがわかります。現金預金月商倍率、手元流動性ですが、2015年度は、3.63ヵ月の現金預金を持っていましたが、2.2ヵ月に下がっています。過去最低です。資金需要が強くて、手持ち現金預金はひっ迫気味であることがわかります。

	2012年度	2013年度	2014年度	2015年度	2016年度	2017年度	2018年度
総資本回転率（回）	0.20	0.23	0.23	0.20	0.21	0.21	0.22
有形固定資産回転率（回）	0.30	0.33	0.33	0.29	0.30	0.30	0.31
売上債権回転期間（日数）	14.1	9.9	10.6	12.9	12.8	13.5	15.5
棚卸資産回転期間（日数）	192.2	155.1	129.1	148.6	137.4	128.8	115.0
買入債務回転期間（日数）	25.8	26.9	33.0	27.8	18.6	17.9	17.2
借入金月商倍率（倍）	21.8	20.2	18.7	21.4	21.4	21.8	20.6
現金預金月商倍率（倍）	2.64	2.45	2.28	3.63	3.50	2.67	2.20

7 売上高利益率に関連する比率には何がある？（100%損益計算書）

　売上高利益率については、すでに原価率を取り上げました（39ページ）。ROEが分子に最終当期利益を使うので、売上高原価率、売上高総利益率、売上高販売管理費比率、売上高営業利益率、売上高営業外差損率、売上高経常利益率、売上高特別差損率、売上高当期利益率、どれも重要です。

　ただ利益を上げるのは、事業、本業ですから、利益を上げる力の源は、売上高営業利益率です。営業利益が大きければ、金利負担も負えることになり、採用することのできる財務政策の幅が拡大します。

　こうした比率は、売上高を100とするので100%損益計算書とも呼びます。

　前述した自己資本利益率のところで言及しましたが、三菱地所の売上高当期純利益率は、2012年度の5.9%から2018年度の12.0%に、6.1ポイントも急上昇していることがわかります（図表3-5）。この原因がわかるように、図表3-6にまとめてみます。

　当期純利益率の上昇6.1%のうち、経常利益率まででの上昇（6.4%）が主要な要因です。特別損失率の低下（4.4%）や法人税等の割合の上昇（4.5%）も大

図表3-5　売上高利益率の分析

	2012年度	2013年度	2014年度	2015年度	2016年度	2017年度	2018年度
売上高	100.0%	100.0%	100.0%	100.0%	100.0%	100.0%	100.0%
売上原価	79.1%	77.8%	78.3%	75.8%	75.3%	74.6%	74.5%
売上総利益	20.9%	22.2%	21.7%	24.2%	24.7%	25.4%	25.5%
販売費及び一般管理費	8.1%	7.2%	7.6%	7.8%	7.6%	7.6%	7.4%
営業利益	12.8%	15.0%	14.1%	16.5%	17.1%	17.8%	18.1%
営業外収益	1.1%	0.9%	0.8%	1.1%	0.8%	0.9%	1.0%
営業外費用	3.9%	2.9%	2.9%	3.2%	2.8%	2.8%	2.8%
経常利益	10.0%	13.0%	12.0%	14.4%	15.1%	16.0%	16.4%
特別利益	0.8%	1.1%	4.4%	1.9%	1.5%	1.2%	0.6%
特別損失	4.7%	4.0%	7.4%	2.2%	2.1%	1.2%	0.3%
税引前当期利益	6.1%	10.1%	9.0%	14.1%	14.5%	16.0%	16.7%
法人税等	0.2%	3.8%	1.2%	4.3%	4.1%	4.5%	4.7%
当期純利益	5.9%	6.0%	7.8%	9.7%	10.4%	11.5%	12.0%

図表3-6　当期純利率の上昇要因

	2012年度	2018年度	上昇要因	低下要因
売上高	100.0%	100.0%	0.0%	
売上原価	79.1%	74.5%	△4.6%	
販売費及び一般管理費	8.1%	7.4%	△0.8%	
営業外収益	1.1%	1.0%		△0.1%
営業外費用	3.9%	2.8%	△1.1%	
（経常利益率）			6.5%	0.1%
特別利益	0.8%	0.6%		△0.2%
特別損失	4.7%	0.3%	△4.4%	
法人税等合計	0.2%	4.7%		4.5%
要因の合計			10.9%	4.7%
当期純利益率	5.9%	12.0%	上昇率	6.1%

きな要因ですが、経常利益率のほうが、期間の変動が小さく、企業環境が大きく変化しないとすれば、現在と将来にわたって継続することになり、注視するべき要因です。

　原価率の低下 (4.6%)、販売費管理費比率の低下 (0.8%)、営業外差損率の低下 (1.0%) と基本的な要素がすべて揃った、利幅の上昇が見てとれます。

Section 2

////////

経営分析指標(2)
財務安定性の分析

---

1 │ 財務安定性とは何か

　財務安定性とは、わかりやすくいうと、支払不能に至らない、不渡り手形を出さない、借入金を返済できなくなることはない、ということです。最も財務が安定している状態とは、無借金で金融資産が増え続けている状態です。しかし企業は、資本を投じて、利益を上げる事業体です。市場のリスクにさらされています。資本は、つねに金融資産から形を変えて、市場リスクをとって投下され、利益を上げていくべきものなので、財務の安定性は、企業が存続する前提ですが、目的ではありません。そこで安定した収益性を持っているからといって、一般的に財政状態を示す比率の値がいいとはかぎらないのです。

　しかし比率の変化は、財政状態が変化しているサインですし、収益性が確保されていない、損失が続き、構造的な問題が解決できていない状態で、財政状態が悪化していくことは存続を危うくする兆候です。

2 │ 100%貸借対照表

　まず100%貸借対照表を作ります。貸借対照表の左側合計、総資産と右側合計、総資本(負債・純資産合計)を100とする構成比率です。

	2012年度	2013年度	2014年度	2015年度	2016年度	2017年度	2018年度
流動資産	21.8%	19.9%	19.4%	23.2%	19.7%	21.0%	18.6%
当座資産	4.7%	5.3%	4.8%	8.4%	5.5%	5.9%	4.3%
現金預金	4.1%	4.7%	4.0%	7.8%	4.4%	4.9%	3.1%
売上債権	0.6%	0.6%	0.7%	0.7%	0.8%	0.8%	1.1%
有価証券	0.0%	0.0%	0.0%	0.0%	0.2%	0.1%	0.1%
棚卸資産	10.8%	8.4%	7.8%	8.3%	7.4%	7.5%	6.3%
その他流動資産	6.2%	6.1%	6.8%	6.5%	6.8%	7.6%	8.1%
固定資産	78.2%	80.1%	80.6%	76.8%	80.3%	79.0%	81.4%
有形固定資産	68.4%	69.8%	68.3%	66.9%	70.3%	68.6%	70.8%
無形固定資産	2.0%	2.0%	2.5%	2.0%	1.8%	1.6%	1.6%
投資その他の資産	7.8%	8.3%	9.9%	7.9%	8.1%	8.8%	9.0%
資産合計	100.0%	100.0%	100.0%	100.0%	100.0%	100.0%	100.0%

　貸借対照表には、業界ごとの特徴があります。図表3-7は三菱地所の100%貸借対照表、資産の構成比率です。

　資産の構成でわかることは、流動資産の割合が2割前後で、やや低下する傾向にあることです。割合が大きいのは棚卸資産とその他流動資産で、棚卸資産は割合を下げ、逆にその他流動資産は割合を上げて、2017年度以降、棚卸資産の割合を逆転していることです。

　固定資産の総資産に占める割合は、8割を超えています。その中心は7割を占める有形固定資産です。不動産大企業は、保有不動産を増やし、本業で勝負をしていることがわかります。不動産大企業は、営業収益を増やすためには、保有不動産を大きくしていく、つまり総資産回転率を上げようとは考えない業種なのです。

　次に、負債と純資産の構成です（図表3-8）。

　流動負債の構成は、あまり変わらず、固定負債の構成は下がりました。負

	2012年度	2013年度	2014年度	2015年度	2016年度	2017年度	2018年度
流動負債	11.4%	16.1%	10.6%	12.6%	10.7%	11.5%	11.9%
買入債務	1.1%	2.2%	2.0%	1.1%	1.0%	1.1%	1.0%
有利子負債	6.9%	9.7%	4.7%	6.5%	5.8%	6.4%	6.8%
その他流動負債	3.4%	4.2%	3.9%	5.0%	3.8%	4.0%	4.1%
固定負債	59.6%	53.5%	55.9%	56.1%	57.1%	56.1%	54.2%
有利子負債	37.1%	31.5%	34.5%	36.5%	37.8%	36.3%	33.3%
その他の固定負債	22.5%	22.0%	21.5%	19.6%	19.3%	19.9%	20.9%
負債合計	71.0%	69.6%	66.5%	68.8%	67.8%	67.6%	66.1%
資本金	3.0%	3.0%	2.9%	2.7%	2.6%	2.4%	2.5%
資本剰余金	3.6%	3.6%	3.3%	3.0%	2.9%	2.8%	2.8%
利益剰余金	8.8%	9.8%	11.0%	11.3%	12.3%	13.2%	14.9%
自己株式	△0.1%	△0.1%	△0.1%	△0.1%	△0.1%	△0.1%	△0.1%
株主資本合計	15.3%	16.2%	17.1%	16.9%	17.7%	18.3%	20.1%
その他の包括利益累計額	11.0%	11.7%	13.4%	11.5%	11.3%	11.0%	10.6%
新株予約権	0.0%	0.0%	0.0%	0.0%	0.0%	0.0%	0.0%
非支配株主持分	2.7%	2.5%	2.9%	2.8%	3.2%	3.1%	3.2%
純資産合計	29.0%	30.4%	33.5%	31.2%	32.2%	32.4%	33.9%
負債・純資産合計	100.0%	100.0%	100.0%	100.0%	100.0%	100.0%	100.0%

債の総資本に占める比率は、5ポイント低下し、純資産の占める比率（後述、自己資本比率）は、5ポイント上昇しました。6年間の利益の内部留保が、確実に財政を安定させていることがわかります。

　こういう全体状況をおさえておくことは、次の数々の関係比率を評価するときに重要です。

3 流動・固定分類と比率

　財務の安定性を調べる関係比率は、流動・固定分類を活用しています。流動、固定分類は、資金の使途と調達について、短期の関係と長期の関係があります。経営分析にとっては、役に立つ分類です。この分類がなければ、財務安定性を見る指標は、成り立ちません。

　流動資産と流動負債、固定資産と固定負債、純資産が対応しているとされています。流動資産のほうが流動負債より多額で、固定資産の資金調達は、純資産と固定負債によって行われているという考え方があります。おおざっぱに描くと、下の図のような関係にあるということです。

流動資産	流動負債
	純資産
固定資産	固定負債

❶ 短期の財務安定性をはかる比率

流動資産	流動負債
	純資産
固定資産	固定負債

図表3-9　短期安定性をはかる比率

$$流動比率 = \frac{流動資産}{流動負債} \times 100\%$$

$$当座比率 = \frac{当座資産}{流動負債} \times 100\%$$

$$企業間比率 = \frac{売上債権}{買入債務} \times 100\%$$

流動比率は、さまざまな書籍で、「200％以上が望ましい」と書いてありますが、この目安にはあまり意味がありません。実際に、流動資産より、流動負債は少なくないと回っていかないので、100％を超えることが一般的ですが、どの程度超えることになるかは、業界によって異なっています。100％を切ったら、資金繰りが苦しいことは確かです。

　当座比率は、流動比率の分子を、流動資産ではなく当座資産にしています。当座資産と流動資産とで、一番異なっているのは棚卸資産を含まないことです。流動比率が高くても、不良在庫となっている棚卸資産の割合が大きければ流動性がよいとはいえないということで、当座比率のほうが厳しい比率です。当座比率も100％以上が望ましいとよくいわれていますが、100％を超える業界は多くはありません（69～70ページ）。

　短期の資金繰りは、円滑であればいいわけで、売上債権や棚卸資産の管理が良好で、取引先との関係が安定していれば、その業界に適切な水準があると考えるべきです。企業間比率は、仕入れ先への支払いサイトと売上債権の回収サイトとの関係がどのようになっているかを示しています。取引先との関係なので、概して、安定しているはずですが、年々変化している場合があります。売上債権回転期間や買入債務回転期間の変化は、顧客や取引先との関係を併せて検討する必要があります。

❷ 三菱地所の短期安定性

　三菱地所の当座比率は、大きく100％を下回っています。流動比率は、200％以下ですが、当座比率よりはかなり高く、特徴は変化が大きいことです。その理由は、これまで見たように、分母である流動負債のなかに1年以内に返済や償還する長期借入金や社債が含まれていることです。流動比率が不安定なのは、棚卸資産の減少とエクイティ出資の増加の変化が大きいことによります。

　企業間信用比率は、上昇する傾向にあります。この理由は、安定した仕入れ先、売上先という企業間取引であれば、回収期限が長くなり、支払い期限が短くなっているということになりますが、三菱地所の場合、不動産

	2012年度	2013年度	2014年度	2015年度	2016年度	2017年度	2018年度
当座比率	41.3%	33.1%	45.3%	66.8%	51.3%	51.1%	35.7%
流動比率	190.3%	123.3%	183.0%	183.9%	184.4%	183.1%	155.7%
企業間信用比率	56.4%	27.1%	37.5%	60.4%	78.1%	73.0%	108.0%

販売事業の縮小に伴って買入債務は減少する一方、売上債権は不動産販売事業だけの営業用債権ではないので、売上（営業収益）の増加に伴って、増加していくということだと推察されます。

❸ 長期の財務安定性をはかる比率

流動資産	流動負債
	純資産
固定資産	固定負債

図表3-11　長期安定性をはかる比率

$$固定比率 = \frac{固定資産}{自己資本} \times 100\%$$

$$固定長期適合率 = \frac{固定資産}{固定負債＋自己資本} \times 100\%$$

$$負債比率 = \frac{負債総額}{自己資本} \times 100\%$$

$$自己資本比率 = \frac{自己資本}{総資本} \times 100\%$$

長期の財務安定性を示す比率には、固定資産の資金調達との関係を調べる固定比率、固定長期適合率と負債と純資産の関係を見る負債比率、自己資本比率があります。

　固定資産は、換金するまでの期間がかかる資産ですから、調達資金は、支払いが長期にわたる固定負債や自己資金（純資産）で行う必要があります。

① 固定比率

　固定比率は、固定資産をどれほど自己資金で調達しているかを見る指標です。低いほうが安定しています。100％以下が望ましいと書いてある本がおおくありますが、固定資産をすべて自己資金で調達する必要はありません。100％以下となっている企業もありますが、ⓐこれは利益の内部留保が大きい、ⓑ新規の設備投資が必要ない、ⓒもともと固定資産がなく営業債権と棚卸資産ばかりの企業である、のどれかです。100以下であることは、もちろん悪いことではありませんが、そうでなければいけないわけではありません（業種別の指標については69〜70ページ）。

② 固定長期適合率

　固定長期適合率は、固定資産が固定負債と自己資本によって、調達されているかを見る指標です。これも100％以下が望ましいといわれています。これは正しいです。100％を超えてしまうと固定資産が流動負債で調達されしまうことになるからです。また流動資産よりも流動負債が上回ってしまっていることになるからです。

③ 負債比率、自己資本比率

　負債比率、自己資本比率は、ともに負債の割合の多さを見ています。ROEの分解で、述べたように、利益を上げるためには、財務レバレッジを活用したほうがいい場合もあります。すべて自己資金ですと、ビジネスチャンスを失ってしまいます。金利コストは、法人税を計算するうえで、損金に算入され、税金を減らしてくれます。悪玉ではありません。

ただ負債が大きいということは、返済というリスクを負っているということです。どこまでリスクをとれるのか、とるべきか、との見合いで、判断することになります。

❹ 三菱地所の長期安定性

　三菱地所は、高い固定比率の典型的な事例です（図表3-12）。それでも2012年度269.7%から2018年度240.2%に低下傾向にあることがわかります。固定長期適合率は、100%以下です。これらのことから、固定資産の資金調達が固定負債に大きく依存していることがわかります。

　負債と純資産の関係については、負債比率が2012年度244.9%から2018年度195.0%に低下しています。この比率を同じことを示している自己資本比率は、29.0%から33.9に上昇しています。有利子負債の依存度は、自己資本比率と連動して、44.0%から40.1%に下がりました。

　日本の企業は、低金利時代にもかかわらず、負債への依存を低めています。ところが、三菱地所は、低金利を活用して、大きな投資を行っていることがわかります。

図表3-12　長期財務安定性

	2012年度	2013年度	2014年度	2015年度	2016年度	2017年度	2018年度
固定比率	269.7%	263.9%	240.9%	245.8%	249.1%	243.9%	240.2%
固定長期適合率	88.3%	95.5%	90.2%	87.9%	89.9%	89.2%	92.5%
負債比率	244.9%	229.3%	198.8%	220.1%	210.3%	208.7%	195.0%
借入金依存度	44.0%	41.2%	39.2%	43.0%	43.6%	42.7%	40.1%
自己資本比率	29.0%	30.4%	33.5%	31.2%	32.2%	32.4%	33.9%

Section 3

経営分析指標の平均値と同業他社の比較方法

比率の利点は、規模も業種も異なる企業との比較に使うことができることです。たとえば結婚パーティもできるような規模の大きい中華料理店と屋台の人気ラーメン屋さんと比率を比べることはできます。資本回転率も利幅も、屋台の人気ラーメン屋さんのほうが優れた数値が出てきます。しかし単純に優劣を判断することはできませんよね。比較することに意味があるかは、比較する目的から考える必要があります。

1 業種による違いは大きい

法人企業統計には、業種別の比率が載っています。10年分、業種区分ごとの平均数値があります。このうちから、12業種区分、7種類の比率の2017年度数値を抜粋しました（図表3-13）。

財務安定性を示す比率では、当座比率が100%を超えるのは、繊維、化学、情報通信です。流動比率が200%を超える業種は、上掲の業種にはなく、繊維186%が最も高い状態です。

不動産は、当座比率も流動比率も最も低く、それぞれ54.2%、119.0%です。不動産業は、特異な業種であることがわかります。固定比率は、製造業が105.8%ですが、非製造業が147.0%と違いがあります。鉄鋼業を除いて、製造業の固定比率は100%前後、自己資金で固定資産の資金調達がな

図表3-13　2017年度の業種別経営指標（一部）

	全産業	製造業	食料品	繊維	化学	鉄鋼
当座比率（%）	88.9	95.7	86.3	103.0	112.8	58.9
流動比率（%）	142.3	149.8	136.3	186.0	179.3	123.8
固定比率（%）	134.1	105.8	120.4	93.5	92.3	141.0
自己資本比率（%）	41.7	48.6	47.7	48.7	55.9	42.3
総資本経常利益率（%）	4.9	6.1	5.0	2.5	7.8	3.7
売上高経常利益率（%）	5.4	7.0	4.4	3.2	11.6	4.4
総資本回転率（回）	0.90	0.88	1.14	0.78	0.67	0.83

	輸送用機械器具	非製造業	情報通信業	卸売業小売業	不動産業	サービス業
当座比率（%）	88.9	86.2	106.9	92.5	54.2	89.4
流動比率（%）	137.1	139.3	160.1	137.7	119.0	143.8
固定比率（%）	104.0	147.0	100.3	114.3	204.2	144.4
自己資本比率（%）	52.9	39.1	55.8	35.6	36.8	47.8
総資本経常利益率（%）	7.6	4.4	9.3	4.3	3.4	4.2
売上高経常利益率（%）	7.9	4.9	10.6	2.4	14.0	7.9
総資本回転率（回）	0.96	0.91	0.88	1.77	0.24	0.54

（出所）『法人企業統計』より筆者作成。

されています。非製造業のなかでは不動産業は204.2%で、高い固定比率になっています。現在の比較的安定した不動産市況のなかで、固定資産の資金調達が負債によってなされていることがわかります。

　自己資本比率は、製造業が50%前後と高く、非製造業は30%台です。新しい業種で資金需要が大きい事業が、低くなります。財務安定性の良否であるとともに、活力の違いを示しています。

　総資本経常利益率は、製造業6.1%、非製造業4.4%で、製造業のほうが

投資した資本に対する収益性は高くなっています。不動産業の総資本経常利益率は、3.4%と低い水準にとどまっています。売上高経常利益率（利幅）となると事情は変わります。製造業7.0%、非製造業4.9%に対して、不動産業は14.0%ときわめて高い利幅を持っています。一方、総資本回転率は、製造業0.88回、非製造業0.91回です。高いのは卸売業・小売業の1.77回です。不動産業は、0.24回と回転の遅い業界です。

不動産業の回転が遅い理由は、2つあります。1つは、販売用不動産については、開発用土地の取得から始まるのであれば、販売までに期間が必要です。2つはこちらのほうが特徴的ですが、保有する不動産を運用し続けることです。何十年も同じ土地にある不動産を保有し、再開発をして運用していることをイメージすれば、不動産業の総資本回転率が遅いのは当然です。

経営指標についていえることは、業種特性が強いので、少なくても同業でなければ比較することに意味がないということです。

2 不動産業3社の経営指標

三菱地所、三井不動産、住友不動産、不動産3社について、上記の業種比率と同種の比率を計算しました。不動産業平均も載せました（図表3-14）。

大手3社の当座比率は、業界平均54.2%よりさらに低く、三菱、住友が30%台、三井は19.9%です。一方、流動比率は、不動産平均119.0%より高く、三井不動産は、190.9%です。三井不動産は、三菱地所とは異なり、販売用不動産、仕掛販売用不動産、開発用土地を多く保有しています。不動産販売事業に積極的であることがわかります。

不動産業の特性として高い固定比率は、三井不動産が193.6%で業界平均204.2%に近いですが、三菱、住友は業界平均よりも高く、住友は347.2%ともなっています。

この固定比率は、そのまま自己資本比率の違いに対応しています。業界平均36.8%に匹敵する三井35.6%、平均よりもやや低い三菱33.9%、かな

図表3-14　不動産3社の経営指標

2018年度	三菱地所	三井不動産	住友不動産	不動産業
当座比率	35.7%	19.9%	33.6%	54.2%
流動比率	155.7%	190.9%	161.6%	119.0%
固定比率	240.2%	193.6%	347.2%	204.2%
自己資本比率	33.9%	35.6%	23.6%	36.8%
総資本経常利益率	3.6%	3.9%	4.0%	3.4%
売上高経常利益率	16.4%	13.7%	20.2%	14.0%
総資本回転率	0.22回	0.28回	0.20回	0.24回

り低い住友23.6%です。このように、財務安定性の比率で見れば、三井、三菱、住友の順番で、住友の財務は不安定です。

　ところが総資本経常利益率となると様子が変わります。大手3社とも不動産平均3.4%をわずかですが上回っていますが、最も高いのは、住友の4.0%です。この原因は、売上高経常利益率、利幅にあります。住友の20.2%に対して、三菱は16.4%、三井は13.7%です。利幅のおおきな仕事をとる力には、かなりの差があることがわかります。総資本回転率は、逆に、三井0.28回、三菱0.22回、住友0.20回の順番で、速いことがわかります。しかしその差は、あまりありません。

3 不動産業3社のROEの比較

　こうした3社の違いを、投資家が重視する比率である自己資本利益率（ROE）について見てみましょう。分解した比率も載せました（図表3-15）。

　ROEが最も高いのは、住友不動産11.3%です。ROEが最も低いのは三井不動産7.3%、真ん中は三菱地所7.9%です。住友不動産と三井不動産とを比べることで、住友不動産のROEの上げ方の特徴を見てみましょう。

　①住友は、三井と比べると、売上高当期純利益率で、3.8ポイント高く

2018年度	三菱地所	三井不動産	住友不動産
自己資本利益率	7.9%	7.2%	11.3%
売上高当期純利益率	12.0%	9.1%	12.9%
総資本回転率	0.22回	0.28回	0.20回
財務レバレッジ	3.02倍	2.78倍	4.43倍

　　なっています。前述の売上高経常利益率と同じです。

　　②総資本回転率では、住友より三井のほうが回転が速く、資産効率に優
　　れています。

　　③住友の特徴は財務レバレッジの高さです。三井2.78倍、住友4.43倍です。

　　住友は、高い利幅を背景に、負債を積極的に活用して、多額の資産を運
用しながら、自己資本利益率を高めています。住友のROEの高さは、積極
的な拡大戦略の結果です。また投資家の目線を重視した経営を行っている
ということができます。

Part 4

分析が
無敵になる
用語事典

損益計算書編

1　損益計算書項目

　国際会計基準の影響により、新しく開示されるようになった損益計算書の勘定科目を中心に取り上げて解説をします。当期純利益だけでなく、資本取引によらない利益を包括利益といいます。「当期純利益の算定まで」と「包括利益まで」とを区別しました。

■ 持分法による投資損益とは？

　持分法による投資損益とは、持分法適用会社から上がる利益や損失のことです。持分法適用会社は、子会社ほどの支配関係にはなく、出資比率が50%未満であっても経営上、重要な影響力を持つ会社をいいます。持分法による投資損益を見れば、持分法適用会社への投資が、本体企業の収益にどれくらい貢献したのかがわかります。持分法適用会社の最終損益を、出資比率に応じて本体企業の連結決算に反映し、黒字の場合は「持分法による投資利益」、赤字の場合は「持分法による投資損失」として計上します。

　毎年発生することが見込まれるため、営業外損益に属します。投資損益の金額だけ、資産である投資有価証券が増減します。三菱地所の場合、持分法による投資利益が2億6,300万円計上されているため、持分法適用会社が利益を上げていることがわかります（図表4-1）。

② のれんと負ののれん、のれん償却額とのれん発生益とは？

のれんは、企業の買収、合併に際して、買取価額と時価評価された純資産額との差額です。つまり借方にのれんが生じれば、割高に企業買収や合併を行ったことになります。

逆に、買取価額が時価評価された純資産額を下回った場合の差額は負ののれんといい、貸方に生じます。割安に企業買収や合併を行ったことになります。

現在の基準では、通常ののれんは20年以内に償却し（IFRSは減損テストを採用）、負ののれんが生じたら、一括収益処理をします。三菱地所では負ののれん発生益が20億円計上されていますので割安な企業買収をしたことがわかります（図表4-1）。

③ 減損損失とは？

減損損失とは、固定資産の収益性が低下し、投資額の回収が見込めなくなった場合に回収可能額まで資産価値を減少させることで生じる損失です。回収可能性を反映させて固定資産の簿価を減額し、減損損失を計上する会計処理を減損会計といいます。減価償却とは別に固定資産の簿価を減少させます。経常的に発生するものではないため、特別損失の項目となります。

④ 法人税等調整額とは？（繰延税金資産・負債）

法人税等調整額は、企業会計と税法の違いから生じる将来への効果（税効果）を繰延税金資産や繰延税金負債として認識して、これを当期の法人税等に加減して、算定します。法人税等の額を適切に期間配分することにより、税引前当期純利益と法人税等を合理的に対応させる手続きです。

たとえば、税務上の減価償却費と会計上の減価償却費に差異が生じ、会計上の減価償却費が大きければ、その差額の実効税率の分が将来の税金を減額する効果となります。その場合、借方に繰延税金資産が生じ、貸方に法人税等調整額が生じるため、当期に対応しない分を繰り延べる効果が働きます。

一方、繰延税金負債が生じる場合は、収益を繰り延べるなど将来の税金

を増加させる効果があり、将来の税金の負担を意味します。三菱地所の法人税等調整額は借方125億円となっているため、将来税金を減額するものとして開示されています（図表4-1）。

⑤ 非支配株主に帰属する当期純利益と、親会社株主に帰属する当期純利益とは？

非支配株主とは、子会社の株主のうち親会社以外の株主のことを指します。親会社と子会社の関係は、50%以上の株式を保有している等の支配従属関係にあるかどうかで判断し、実質的に支配している会社が親会社となります。

親会社が子会社の100%を支配している場合は、親会社との取引で生じた損益を除いて、子会社が計上した損益の100%が親会社の損益と合算されます。したがって連結損益計算書の当期純利益のすべてが親会社に帰属する当期純利益となります。しかし親会社の子会社株式の保有が100%に満たず、非支配株主が存在する場合は、子会社が計上した損益に親会社に帰属する部分と非支配株主に帰属する部分が含まれるため、親会社株主に帰属する当期純利益と非支配株主に帰属する当期純利益とに分けて開示されます。

三菱地所の場合、非支配株主に帰属する当期純利益が173億円、親会社株主に帰属する当期純利益が1,346億円計上されています（図表4-1）。

２ 包括利益計算書、その他の包括利益項目

① 当期純利益と包括利益

国際会計基準の影響により、資産負債アプローチに移行し、貸借対照表において時価評価される項目が拡大している一方で、日本の決算書では包括利益が表示されてきませんでした。この点が、国際会計基準との大きな相違点として指摘されていました。これを受け、日本において「包括利益の表示に関する会計基準」が公表され、2011年3月期から連結財務諸表において包括利益が表示されるようになりました。

図表4-1　三菱地所の連結損益計算書（2018年度）

（単位：百万円）

営業収益	1,263,283
営業原価	940,976
営業総利益	322,306
販売費及び一般管理費	93,128
営業利益	229,178
営業外収益	
受取利息	579
受取配当金	7,001
持分法による投資利益	263
その他	4,547
営業外収益合計	12,391
営業外費用	
支払利息	23,503
固定資産除却損	5,761
その他	5,717
営業外費用合計	34,983
経常利益	206,587
特別利益	
投資有価証券売却益	6,072
負ののれん発生益	2,097
特別利益合計	8,170
特別損失	
固定資産除却関連損	3,818
減損損失	－
特別損失合計	3,818
税金等調整前当期純利益	210,939
法人税、住民税及び事業税	46,441
法人税等調整額	12,517
法人税等合計	58,958
当期純利益	151,981
非支配株主に帰属する当期純利益	17,372
親会社株主に帰属する当期純利益	134,608

包括利益計算書は、当期純利益とその他の包括利益を単一の計算書で作成する場合もあれば、損益計算書と包括利益計算書に独立させて2つの計算書で作成する場合もあります。

❷ 包括利益とは？

包括利益とは、一会計期間における純資産の変動のうち、資本取引によらない部分を示すものです。包括利益は、当期純利益（純損失）とその他の包括利益で構成されます。日本基準において、その他の包括利益に含まれる主要な項目は次の項目となります。

①その他有価証券評価差額金（その他有価証券の評価によって生じる項目）

②繰延ヘッジ損益（ヘッジ会計の適用により生じる項目）

③為替換算調整勘定（外国子会社を連結する場合などに生じる項目）

④退職給付における調整額等（退職給付会計の適用により、未認識数理計算上の差異や未認識過去勤務費用の計算において生じる項目）

⑤持分法適用会社のその他包括利益に対する投資会社の持分相当額（持分法の適用により生じる項目）

❸ 包括利益計算書はどう見る？

包括利益計算書で一番初めにくるのは、当期純利益です。次にその他の包括利益が開示され、当期純利益とその他の包括利益の合計を合算したものが包括利益として開示されます。さらに、当期純利益と同様に持分比率に応じて、親会社株主に係る包括利益と非支配株主に係る包括利益に分けて、開示されています。

三菱地所の場合、当期純利益が1,519億円あり、その他の包括利益の合計が△242億円ですので、1,519億円と△242億円を合算した1,277億円が包括利益となります（図表4-2）。その他の包括利益の大部分を占めるのは、為替換算調整勘定であり、その額が△174億円になっています（図表4-2）。これは、外国子会社へ投資をしているため、円高になったことによりマイナスになっていると考えられます。

（単位：百万円）

当期純利益	151,981
その他の包括利益	
その他有価証券評価差額金	△6,337
繰延ヘッジ損益	△384
為替換算調整勘定	△17,407
退職給付に係る調整額	839
持分法適用会社に対する持分相当額	△913
その他の包括利益合計	△24,202
包括利益	127,778

（内訳）	
親会社株主に係る包括利益	110,779
非支配株主に係る包括利益	16,998

4 繰延ヘッジとは？

　金融派生商品であるデリバティブに係る取引を、投資目的またはリスクをヘッジする（軽減させる）目的で、契約する場合があり、これを決算書に計上する必要があります。

　デリバティブ取引には、将来のある時点で、特定の商品を価格や数量を決めて売買する「先物取引」、金融商品を売買する権利を売買する「オプション取引」、将来の利息等の支払いや受取りをお互いに交換する「スワップ取引」があります。デリバティブ取引が投資目的の場合は、貸借対照表に時価で計上され、評価差額は損益計算書に計上されます。

　リスクヘッジ目的の場合は、ヘッジしようとする対象についての損益が認識されるまで、時価評価したヘッジ手段に関する損益を、繰延ヘッジ損益として繰り延べる方法が採用されます。三菱地所の場合、繰延ヘッジ損益が△3億円が計上されているので、繰延ヘッジ損失が生じています（図表4-2）。

Section 2

貸借対照表編

1 貸借対照表項目

　会計基準のグローバル化により、新会計基準が続々と導入され、新しく開示される項目が増えました。ここでは、これまで解説されてこなかった貸借対照表の勘定科目を取り上げて解説をします。

■ リース債務とは？

　資産をリースする場合、リース料を支払いますが、リースの中には実質的な購入に近いものもあります。契約の解除が不能で、借り手側企業が経済的利益のすべてを享受し、リース物件に対する融資の性格が強い場合、ファイナンスリースと呼ばれます。

　リース会計では、ファイナンスリース取引において、リース資産とリース債務を両建で計上します。契約期間中のリース料の総額の割引現在価値（157ページ）を計算し、当該物件を現金購入した場合の見積り価額と比較して、安い方をリース資産の取得価額とします。リース資産は減価償却され、リース料の支払いは、金利の支払いとリース債務の返済に分けられます。

■ 退職給付に係る負債とは？

　将来にわたって従業員に支払うべき退職金を計算し、認識する会計を退

職給付会計といいます。退職給付会計では、退職一時金と年金給付の債務を合理的に認識し、全従業員の退職金の支払いの総額のうち、期末までに発生していると認められる額に基づき、一定の割引率や予想残存勤務期間や市中金利なども考慮しながら、退職給付債務の額を決定します。

この退職給付債務と年金資産等との差額を算出し、積立不足分は「退職給付に係る負債」として計上しなければなりません。

三菱地所の場合、退職給付債務の積立不足分が退職給付に係る負債として265億円あります（図表4-3）。

🖪 自己株式とは？

2003年の商法改正によって、自己株式の保有が可能となり、会社は自己株式を購入することができるようになりました。自己株式とは、企業が買い取った自社の株式をいいます。現行の制度では、会社財産の払い戻しの性格と考え、株主資本から控除される形式で表示されます。しかし、自己株式は換金性のある会社財産とし、資産の部に計上する考え方もあります。三菱地所では52億円の自己株式を保有しています（図表4-3）。株主資本等変動計算書を見ると、自己株式を処分していることがわかります（図表4-4）。

🖸 新株予約権とは？

新株予約権は、ストックオプション（株式購入選択権）ともいいます。株式を特定の価格で購入できる権利で、単独で売り出されたり、新株予約権付社債が発行されたり、役員・従業員に付与されたりします。時価で測定された新株予約権は純資産の1項目です。

新株予約権が行使されると新株予約権の金額が減って、払い込まれた金額に加算されます。新株予約権の行使によって取得できる株式数は、潜在的な株式がどのくらい存在するかを示します。三菱地所の新株予約権は3億円あります（図表4-3）。

5 非支配株主持分とは？

　親会社が子会社の株式を100%保有していない場合、子会社の株式は親会社が保有する株式と非支配株主の株式に分類されます。非支配株主の純資産に対する持分を非支配株主持分といいます。以前は、少数株主持分と呼ばれていました。三菱地所の場合、非支配株主持分が1,861億円あります（図表4-3）。

6 その他の包括利益累計額とは？

　その他の包括利益累計額は、その他の包括利益の累積額です。連結包括利益計算書で計上される「その他の包括利益」が、連結貸借対照表の「その他の包括利益累計額」として累積されることで連結包括利益計算書と連結貸借対照表はつながっています。三菱地所では、その他の包括利益累計額の合計が6,128億円あります（図表4-3）。

図表4-3　三菱地所の連結貸借対照表（2018年度）

（単位：百万円）

資産の部		負債の部	
流動資産		**流動負債**	
現金及び預金	176,814	支払手形及び営業未払金	57,967
受取手形及び営業未収入金	62,603	短期借入金	86,156
有価証券	6,767	1年内返済予定の長期借入金	231,065
販売用不動産	84,104	1年内償還予定の社債	75,000
仕掛販売用不動産	268,152	未払法人税等	19,620
開発用不動産	996	その他	219,133
未成工事支出金	7,058	流動負債合計	688,942
その他のたな卸資産	1,143	**固定負債**	
エクイティ出資	387,385	社債	733,916
その他	78,061	長期借入金	1,188,866
貸倒引当金	△218	受入敷金保証金	440,058
流動資産合計	1,072,869	繰延税金負債	233,635

固定資産	
有形固定資産	
建物及び構築物	2,711,109
減価償却累計額及び減損損失累計額	△1,527,391
建物及び構築物（純額）	1,183,718
機械装置及び運搬具	95,236
減価償却累計額及び減損損失累計額	△70,417
機械装置及び運搬具（純額）	24,818
土地	2,105,797
信託土地	676,572
建設仮勘定	80,674
その他	48,647
減価償却累計額及び減損損失累計額	△32,144
その他（純額）	16,502
有形固定資産合計	4,088,084
無形固定資産	
借地権	74,384
その他	20,743
無形固定資産合計	95,128
投資その他の資産	
投資有価証券	258,527
長期貸付金	2,924
敷金及び保証金	114,713
退職給付に係る資産	23,935
繰延税金資産	20,766
その他	97,911
貸倒引当金	△668
投資その他の資産合計	518,110
固定資産合計	4,701,323
資産合計	5,774,193

再評価に係る繰延税金負債	264,063
退職給付に係る負債	26,573
役員退職慰労引当金	579
環境対策引当金	4,623
負ののれん	92,423
その他	143,403
固定負債合計	3,128,145
負債合計	3,817,088

純資産の部	
株主資本	
資本金	142,023
資本剰余金	162,498
利益剰余金	858,581
自己株式	△5,278
株主資本合計	1,157,824
その他の包括利益累計額	
その他有価証券評価差額金	115,452
繰延ヘッジ損益	△64
土地再評価差額金	526,623
為替換算調整勘定	△30,144
退職給付に係る調整累計額	952
その他の包括利益累計額合計	612,819
新株予約権	302
非支配株主持分	186,159
純資産合計	1,957,105

負債純資産合計	5,774,193

2 株主資本等変動計算書

■ 株主資本等変動計算書とは？

　株主資本等変動計算書は、貸借対照表の純資産の部の一会計期間における変動額のうち、主に、株主に帰属する部分である株主資本の各項目の変動事由を報告するために作成される決算書です。会社法のグローバル化に伴い、株主総会や取締役会の決定を条件に、資本剰余金が配当できるようになるなど、株主資本がさまざまな要因により変動するようになりました。さらに純資産の部には、その他の包括利益累計額が開示されるようになり、これもさまざまな要因により変動します。

　そこで、新たに株主資本等変動計算書が作成されることになりました。貸借対照表や損益計算書のみでは、資本金や剰余金などの変動をつかむことが困難になったからです。株主資本等変動計算書は、すべての会社に作成義務があります。

■ 株主資本等変動計算書はどう見る？

　まずは、「当期首残高」、「当期変動額合計」、「当期末残高」の3行を見るとそれぞれの項目の流れがわかります。当期首残高とは、期が始まる時点での残高で、前期における株主資本等変動計算書の当期末残高の数値です。また、前期の貸借対照表における純資産部分と一致します。

　当期変動額合計は、当期変動額にある各項目の合計額を計算したものです。

　当期末残高は、期末時点での残高で、その値は貸借対照表の純資産の部にある各項目の数値と一致します。

　その他の包括利益累計額のそれぞれの項目は、包括利益計算書で計上された数値により、「株主資本以外の項目の当期変動額」としてその変動額が開示されます。

3 三菱地所の株主資本等変動計算書

　三菱地所の株主資本等変動計算書を見てみましょう（図表4-4）。新株発行が行われたため、資本金と資本剰余金はそれぞれ1億2,400万円増加しています。また、新株予約権が2,400万円減少しています。新株予約権が減少する要因には、行使された場合と失効した場合が考えられます。損益計算書の特別損失に失効による利益が計上されていないため、新株予約権2,400万円が行使され、新株発行がなされたといえます。

　利益剰余金から375億円の配当がなされ、当期純利益により利益剰余金が1,346億円増加していることがわかります。

　また、1,800万円の自己株式を取得し、3,400万円の自己株式を処分していることがわかります。処分の際に800万円の損失が発生しています。自己株式処分差損は、通例、資本剰余金から減額となります。しかし、資本剰余金のすべてが資本準備金で構成されており、「その他の資本剰余金」がないので、自己株式処分差損が利益剰余金から減額されています。

　連結の範囲が変更され、18億円の利益剰余金減少が発生しています。損失が生じた会社を子会社にしたり、あるいは、利益を持っている子会社を切り離したりしたことが推察されます。非支配株主との取引に係る親会社持分変動のところで資本剰余金が5億5,300万円増加しているのは、子会社の株式を追加で買い取ったときに生じた差額です。負ののれんに相当します。

　当期は953億円の利益剰余金の増加があり、内部留保が増加していることがわかります。その他の包括利益累計額の欄には、包括利益計算書に記載されている金額が計上されています。三菱地所は古くから土地を多数保有しているので、土地再評価差額金の金額が5,266億円と多額になっている点は、注目すべき点です。

図表4-4 三菱地所の株主資本等変動計算書 (2018年度)

	株主資本					その他の包括利益累計額	
	資本金	資本剰余金	利益剰余金	自己株式	株主資本合計	その他有価証券評価差額金	繰延ヘッジ損益
当期首残高	141,898	161,819	763,277	△5,294	1,061,700	121,787	369
当期変動額							
新株の発行	124	124			249		
剰余金の配当			△37,477		△37,477		
親会社株主に帰属する当期純利益			134,608		134,608		
自己株式の取得				△18	△18		
自己株式の処分			△8	34	25		
土地再評価差額金の取崩							
連結範囲の変動			△1,818		△1,818		
非支配株主との取引に係る親会社の持分変動		553			553		
株主資本以外の項目の当期変動額 (純額)						△6,334	△434
当期変動額合計	124	678	95,304	16	96,123	△6,334	△434
当期末残高	142,023	162,498	858,581	△5,278	1,157,824	115,452	△64

（単位：百万円）

	その他の包括利益累計額				新株予約権	非支配株主持分	純資産合計
土地再評価差額金	為替換算調整勘定	退職給付に係る調整累計額	その他の包括利益累計額合計				
526,623	△12,227	95	636,648	326	180,412	1,879,088
							249
							△37,477
							134,608
							△18
							25
							－
							△1,818
							553
	△17,916	856	△23,829	△24	5,746	△18,106
－	△17,916	856	△23,829	△24	5,746	78,017
526,623	△30,144	952	612,819	302	186,159	1,957,105

Part 5

決算書から
社会が見える

利益、内部留保、
私立大学

Section 1
///////////

『法人企業統計』
損益計算書からわかる
儲け方の変化

1 企業の儲け方が変わってきている！

　現在、わが国の企業は、業績がよいといわれています。最高益を更新する企業が続出しています。利益は蓄積され、内部留保が積み上がっています (97〜113ページ)。ここでは株式会社 (法人企業) の最近20年間の利益の出方について、見てみましょう。

　以下は、財務省が発表している『法人企業統計』から作成した1996年度と2016年度の全法人企業損益計算書を合計したものです。以下に20年間の変化の特徴をまとめてみます。

①母集団の法人数が246.8万社から277.6万社に、10.8%増えています。しかし売上高の金額は、1,448兆3,800億円から1,455兆7,600億円に、20年間でわずかに0.5%しか増えていません。1社当たりの売上高は減っており、1法人の規模は「小ぶり」になってきています。景気は低迷しているといってよいでしょう。

②売上原価は5%も減少しました。売上高に占める売上原価の割合、原価率は、78.8%から74.4%に下がっています。販売管理費の伸びは14%と大きく増えています。このことから、材料を仕入れて設備を使って製造する、売上高に対しては製造原価がある、という製造業の衰退と

（単位：億円）

	1996年度		2016年度	
母集団（社）	2,467,846		2,775,984	
売上高	14,483,830	100.0%	14,557,563	100.0%
売上原価	11,417,718	78.8%	10,867,928	74.7%
販売費及び一般管理費	2,722,006	18.8%	3,102,352	21.3%
営業利益	344,106	2.4%	587,283	4.0%
営業外収益	192,402	1.3%	295,131	2.0%
営業外費用	258,631	1.8%	132,542	0.9%
経常利益	277,878	1.9%	749,872	5.2%
特別利益	86,443	0.6%	111,920	0.8%
特別損失	123,341	0.9%	183,874	1.3%
税引前当期純利益	240,980	1.7%	677,919	4.7%
法人税、住民税及び事業税	152,389	1.1%	181,104	1.2%
法人税等調整額	***	***	△650	0.0%
当期純利益	88,591	0.6%	497,465	3.4%

（出所）『法人企業統計』より筆者作成。

　　　販売費がコストの主要な部分となるサービス産業化や情報産業化とい
　　う産業構造の変化が読みとれます。
　③販売管理費を上回る原価率低下の効果により、営業利益は、34兆4,100
　　億円から58兆7,300億円へ、24兆3,200億円、1.7倍にも増加しています。
　④営業外収益は、1.53倍になりました。この理由は、内部留保が売上を
　　増加させるための投資に回されずに、金融資産として運用されている
　　からです。このなかには子会社・関連会社への出資による受取配当金
　　もあれば、余剰資金運用による受取利息・配当金もあります。
　⑤主として支払利息から構成されていると推察される営業外費用は半減
　　しました。金利の低下と借入金が増えていないことの影響です。資金
　　調達コストは軽くなっています。
　⑥営業外費用よりも営業外収益のほうが大きくなり、営業外差益が出る

ようになりました。6兆6,200億円の営業外差損から16兆2,600億円の営業外差益への変化です。この差は22兆8,800億円にもなります。営業利益の増加24兆3,200億円に迫るものです。逆転したのは1999年度です。大企業を中心に借金減らしが進む一方で、内部留保が金融資産として保有されており、運用益がますます大きくなっているのです。

⑦この結果、経常利益の伸びは、47兆2,000億円ともなって営業利益の伸びを上回る2.7倍です。

⑧税引前当期純利益に占める法人税、住民税及び事業税の割合は、63.24%から26.71%に下がっています。この変化の原因の1つとして、法人税率の引き下げや優遇税制によって税負担率が下がっていることがありますが、それだけではなく1996年度は赤字法人の損失額が大きく、分母となる税引前当期純利益が小さかったことが原因です。

⑨税引後の当期純利益は、8兆8,600億円から49兆7,500億円に、5.6倍になりました。売上高当期利益率は、0.6%から3.4%に急上昇しました。

売上高が伸びないなかで、原価、金利コストの減少、資産運用益の増加によって、営業利益、経常利益、当期純利益と、損益計算書が下にいくほど、利益の増え方が大きい状態になっていることがわかります。獲得する利益も利幅も、増えています。

2 規模別の100%損益計算書に見る変化

次のこうした全体の特徴は、規模別の100%損益計算書にはどのように表われているのでしょうか。資本金規模別に、3つのグループにまとめました。資本金5,000万円未満、5,000万円以上から10億円未満、10億円以上です。便宜的にそれぞれ、小企業、中企業、大企業と呼びます。

①売上原価率は小企業、中企業、大企業の順に高いのですが、20年間の低下を見ると、小企業7.4%、中企業2.3%、大企業3.9%で、低下が最も顕著であったのは、小企業でした。2016年度の売上高100.0%から売上原価率を引き算した売上総利益率、いわゆる粗利益率は、小企業

図表5-2 規模別の100%損益計算書（1996年度）

資本金別（単位：百万円）	総額	50未満	50～1,000未満	1,000以上
母集団（社）	2,467,846	2,516,963	1,686,519	5,205
売上高	100.0%	100.0%	100.0%	100.0%
売上原価	78.8%	74.4%	81.6%	81.6%
販売費及び一般管理費	18.8%	24.3%	16.2%	14.8%
営業利益	2.4%	1.3%	2.2%	3.6%
営業外収益	1.3%	1.5%	1.1%	1.2%
営業外費用	1.8%	1.8%	1.5%	1.9%
経常利益	1.9%	1.0%	1.9%	2.9%
特別利益	0.6%	0.6%	0.6%	0.5%
特別損失	0.9%	0.7%	0.9%	1.0%
税引前当期純利益	1.7%	0.9%	1.7%	2.4%
法人税、住民税及び事業税	1.1%	0.8%	1.1%	1.3%
法人税等調整額	***	***	***	***
当期純利益	0.6%	0.2%	0.6%	1.1%

図表5-3 規模別の100%損益計算書（2016年度）

資本金別（単位：百万円）	総額	50未満	50～1,000未満	1,000以上
母集団（社）	2,775,984	2,683,936	86,950	5,098
売上高	100.0%	100.0%	100.0%	100.0%
売上原価	74.7%	67.0%	79.3%	77.7%
販売費及び一般管理費	21.3%	30.6%	17.1%	16.5%
営業利益	4.0%	2.4%	3.6%	5.8%
営業外収益	2.0%	1.7%	1.0%	3.2%
営業外費用	0.9%	1.0%	0.6%	1.1%
経常利益	5.2%	3.1%	4.0%	7.9%
特別利益	0.8%	0.8%	0.5%	1.0%
特別損失	1.3%	1.0%	0.8%	1.9%
税引前当期純利益	4.7%	2.9%	3.7%	7.0%
法人税、住民税及び事業税	1.2%	1.0%	1.2%	1.5%
法人税等調整額	0.0%	0.0%	0.0%	0.0%
当期純利益	3.4%	1.9%	2.5%	5.5%

33.0%、中企業20.7%、大企業22.3%です。

②販売管理費率は小企業、中企業、大企業の順に低いのですが、20年間の上昇は、小企業6.3%、中企業0.9%、大企業1.7%でした。小企業の販売管理費負担が増大していることがわかります。また小企業がモノ作りからサービス業に移行していることが見えます。またマーケットで売ること、価値を実現することに、多くの労力が割かれていることがわかります。この結果、営業利益率は、小企業が1.3%から2.4%に、中企業が2.2%から3.6%に、大企業が3.6%から5.8%に高まりましたが、利幅の格差はそのままです。

③営業外収益が営業外費用を上回るという変化は、どの規模でも起こっています。差益にあたる、営業外差益の比率は2016年度、小企業0.7%、中企業0.4%、大企業2.1%と、大企業が突出しています、これは保有する金融資産の厚さの違いだけでなく、運用能力の違いもあるかもしれません。

④経常利益率は、小企業3.1%、中企業4.0%、大企業7.9%とさらに差が広がりました。特別利益と特別損失との差額、特別差損率は、小企業、中企業よりも、大企業のほうが高くなっています。これは上場企業を中心に、資産償却や減損などのリスクを早期に計上（認識）するほうが望ましいとされていることを反映していると考えられます。概して、大企業は保守的な会計を行い、小企業、中企業は、よく見せようと損失を計上しないという傾向があるといえます。

⑤法人税、住民税、事業税の負担は、小企業から大企業になるにつれ、高くなっていますが、これは売上高に対する比率であって、利益に対する比率ではありません。2016年度の税引前当期純利益に対する比率を計算すると、小企業35.6%、中企業32.1%、大企業21.1%と逆累進となっていることがわかります。

こうして20年間に、企業規模別の損益計算書も変わってきました。では、生じた利益は何に使われているのでしょうか。次に貸借対照表から、利益の内部留保とその使われ方について見てみましょう。

Section 2

/////////////

貸借対照表からわかる内部留保(1)
内部留保500兆円が
社会問題なワケ

1 増え続ける利益剰余金の内部留保

　財務省の「法人企業統計」において、2017年度の内部留保が507兆円（金融保険業を含む全産業）に達し、前年度（406兆円）を101兆円上回り、増加率は10.2%と公表されました。11年前の2006年度では、252兆円の内部留保でした。この11年間で、255兆円増加しています。企業の保有する現金預金も増加しつつあり、2017年度の現金預金は221兆円に達し、前年度（211兆円）を10兆円上回り、増加率は5.2%となっています。こうした急激な内部留保の増加を受け、内部留保の使い道について、さまざまな意見が出ています。近年急激に増加している内部留保について考えてみましょう。

　先に指摘した内部留保507兆円は、利益剰余金にあたるものです。利益剰余金は、損益計算書で算定された税引後当期純利益から配当されたあとの残額の累計額です。利益剰余金が内部留保であることについては、どの論者も異論なく一般的にみとめられたものです（狭義の内部留保）。利益剰余金が多ければ多いほど、過去の利益の蓄積が大きいと見ることができます。

内部留保の増加とともに何が起きているのか

1 製造業の利益剰余金の推移

　内部留保が増加した背景には、好業績に見合った賃上げや設備投資が抑制されていることや、法人税減税があります。法人企業統計における製造業の数値をもとに、内部留保の増加要因について詳しく分析してみましょう。利益剰余金は年々増加しています。2008年に108兆円であったのに対し、2017年には153兆円に増加しています。

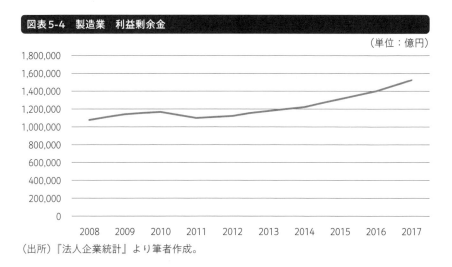

図表5-4　製造業　利益剰余金

（単位：億円）

（出所）『法人企業統計』より筆者作成。

2 増え続ける金融資産、減る設備投資

　金融資産も、増加傾向にあります。ここでいう金融資産とは現金預金、有価証券、投資有価証券のなかの公社債の合計です。2008年に50兆円あった金融資産は、年々増加し、2017年に70兆円となっています。

　設備投資は減少傾向にあります。2008年に85兆円ありましたが、2013年に69兆円まで低下します。2017年に78兆円にまで増加しますが、利益剰余金の増加と比較すると設備投資は低下傾向にあるといえます。

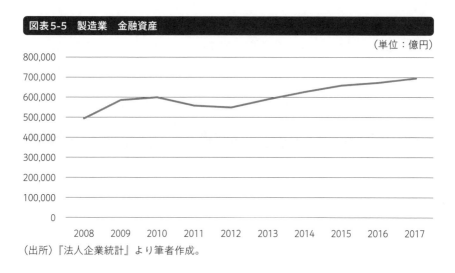

図表5-5 製造業 金融資産

（単位：億円）

（出所）『法人企業統計』より筆者作成。

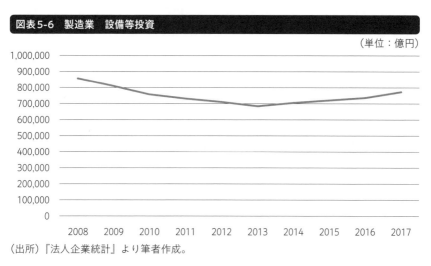

図表5-6 製造業 設備等投資

（単位：億円）

（出所）『法人企業統計』より筆者作成。

3 増える配当金、減る給与・賞与

　配当金は大幅に増加しています。2008年に5兆円であったものが、2015年に9兆円となり、2017年も8兆円となっています。ここ数年で倍近く増加しています。

　従業員給付は低下傾向にあります。従業員給付は、従業員給与と従業員

賞与の合計です。2008年に45兆円あったのに対し、2012年に42兆円にまで低下し、2017年には44兆円に上昇しましたが、利益剰余金が大幅に増加し続けていることと比較すると、従業員給付は停滞ないし低下傾向にあります。

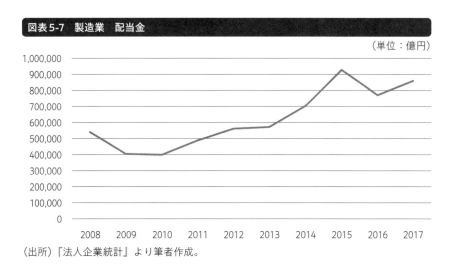

図表5-7　製造業　配当金

（単位：億円）

（出所）『法人企業統計』より筆者作成。

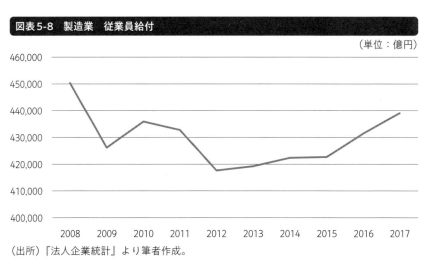

図表5-8　製造業　従業員給付

（単位：億円）

（出所）『法人企業統計』より筆者作成。

3 貸借対照表はどう変わったのか ――資産・負債の増減表

次の貸借対照表は、2008年と2017年の差を表わした製造業の貸借対照表です。利益剰余金は45兆円、資本剰余金は3兆円増加しています。利益剰余金の増加が総資本の増加57兆円に占める割合は、78.89%にもあたります。同様に大きく増加した資産項目は、現金預金18兆円、売上債権10兆円、投資有価証券31兆円（うち公社債2兆円）、自己株式1兆5,000億円（△が増えたため）です。逆に減少した項目は、土地2兆円、設備投資8兆円、資本金2兆円です。配当金は3兆円増加し、従業員給付は1兆円減少しています。

これらのことから、次のことが指摘できます。利益剰余金が増加している要因は、人件費の切り下げや有形固定資産への設備投資が控えられていることにあります。賃上げや設備投資が積極的に行われるのであれば、損益計算書において費用項目（人件費や減価償却費）が拡大するため、当期純利益が減り、利益剰余金は増えません。

また、内部留保の増加分は、どのような資産で保有されているでしょうか。企業が獲得した利益は、賃上げや設備投資に使われるのではなく、現金預金でそのまま保有するか、投資有価証券を含めた金融資産に投資されています。儲けた利益を金融資産投資に回すのであれば、莫大な評価損でも出ないかぎり、運用益が上がり、利益剰余金が増加するのです。一方で、配当は大幅に増加しており、配当が増えているのにもかかわらず、内部留保が拡大している状況にあります。

全産業（金融業を含む）ベースでは507兆円にも膨らんだ利益剰余金増加の要因は、非正規雇用の増加などの人件費削減と設備投資の減少及び法人税減税にあります。今後も、この状況を維持し、利益剰余金が拡大し続けてよいのでしょうか。あるいは、正規雇用の増加や賃上げ、設備投資の増加、法人税制の見直しにより、内部留保の増加を抑えた方がよいのか、考えなければならない問題です。

図表5-9　製造業　2008年と2017年の差

(単位：億円)

貸借対照表項目			
資産		**負債**	
現金・預金	177,369	流動負債	36,812
売上債権	101,343	固定負債	△7,961
有価証券	2,287	負債	28,851
棚卸資産	3,859	**純資産**	
その他	13,840	資本金	△19,370
流動資産計	298,697	資本剰余金	27,074
土地	△22,558	利益剰余金	447,977
設備等投資	△81,189	自己株式	△15,579
投資有価証券 （公社債）	307,542 (21,518)	その他	98,461
その他	65,222	新株予約権	442
固定資産計	269,018	純資産計	539,005
繰延資産	140		
総資産	567,855	負債・純資産合計	567,855

損益計算書項目	
配当金	32,170
従業員給付	△11,626

（出所）『法人企業統計』より筆者作成。

Section 3

////////

貸借対照表からわかる内部留保(2)
本当の内部留保は
700兆円

前章では、損益計算書の当期利益の蓄積分である利益剰余金だけを内部留保として、説明してきました。しかし当期利益は、企業が上げている利益の一部でしかありません。本章では、企業の実態に即して、より広い範囲の内部留保について検討します。

1 実質内部留保と公表内部留保

内部留保を広く捉えると、実質内部留保と呼ばれる範囲にまで拡大することができます(図表5-10)。実質内部留保のなかには貸借対照表において示されている公表内部留保と隠れている利益の内部留保とがあります。

公表内部留保とは、利益剰余金と資本剰余金とその他の包括利益累計額を合計した金額です。公表内部留保は、「利益の内部留保(利益剰余金・その他の包括利益累計額)」と「資本取引による剰余(資本剰余金)」に分けることができます。その他の包括利益累計額は、収益費用アプローチから資産負債アプローチに会計観が移行し、時価評価される項目が増加したため、新たに利益として開示されるようになった項目です。

図表5-10　公表内部留保と実質内部留保

資本剰余金	資本取引による剰余	公表内部留保	実質内部留保
利益剰余金	利益の内部留保		
その他の包括利益累計額			

| 減価償却累計額の30% | 隠れた利益の内部留保 | | |

（出所）筆者作成。

公表内部留保 = 利益剰余金 + 資本剰余金 + その他の包括利益累計額

＊資産負債アプローチにより決算書が作成されるようになり、税務上も主要な引当金が廃止されましたので、決算書において留保性のある引当金の計上が少なくなりました。そのため、本著では引当金を内部留保の範囲としておりません。

　実質内部留保は公表内部留保に加え「隠れた利益の内部留保（減価償却費の過大計上額）」の合計をいいます。減価償却費の過大計上額は、減価償却累計額の30%とします（詳しくは後述）。減価償却累計額は貸借対照表が純額表示の場合、貸借対照表には開示されません。固定資産の明細表で数値を確認する必要があります。

実質内部留保 = 公表内部留保 + 隠れた利益の内部留保
（減価償却費の過大計上額）

2 その他の包括利益累計額、資本剰余金

　公表内部留保は利益剰余金と資本剰余金とその他の包括利益累計額を合計した金額であると指摘しました。そうすると、公表内部留保には「利益の内部留保（利益剰余金・その他の包括利益累計額）」と「資本取引による剰余（資本剰余金）」があります。利益剰余金は異論なく内部留保であることはすでにPart 5 Section 2で解説をしました。では、その他の包括利益累計額や資本

剰余金はなぜ内部留保なのでしょうか。

　その他の包括利益は、利益なので内部留保といえます。会計基準のグローバル化が進み、資産負債アプローチを基に決算書が作成されるようになりました。そのため、貸借対照表において時価評価される項目が拡大したため、損益計算書の利益とは別に、その他の包括利益の開示が求められるようになりました。

　資本剰余金は、資本準備金とその他資本剰余金で構成されます。資本準備金は、株式払込剰余金、株式交換差益、株式移転差益、新設分割差益、吸収分割差益、合併差益から構成されます。株価や市場価格が高騰するとこれらの資本準備金の額も増大します。企業再編によって生じる株式交換差益などの差益は、株式や事業を割高で売却するか、割安で取得したときに生じます。いずれも、その額の増大は株価や市場価格の高騰が要因となるもので、資本取引によって生じた剰余といえます。

　2001年・2002年の商法改正により、資本準備金と利益準備金を取り崩して配当することが可能となりました。これを受け、2002年に自己株式及び法定準備金の取崩等に関する会計基準が設定され、資本準備金を原資とした配当についての仕訳や開示方法が整備されました。株主の元手で構成される資本準備金を原資として配当を行うということは、1950年から行われてこなかったことです。これまで、取り崩しの必要があった場合には、利益準備金を優先して取り崩していましたが、この商法改正により、取り崩しの優先順位はなくなり、資本準備金は利益準備金と同様の取り扱いになりました。したがって、資本剰余金は利益剰余金と同じ剰余という性格を持つものとして位置付けられたのです。

　国際会計基準では、資本剰余金と利益剰余金とその他の包括利益を区別して開示することを要求していません。国際会計基準を適用しているネスレは、内部留保に資本剰余金やその他の包括利益を含んで開示しています（田村八十一「世界の巨大企業における内部留保の状況」『経済』No. 204、83ページ）。

　以上のことから、公表内部留保は、利益剰余金と資本剰余金とその他の包括利益累計額を合計した金額を指します。金融保険業を含むすべての業

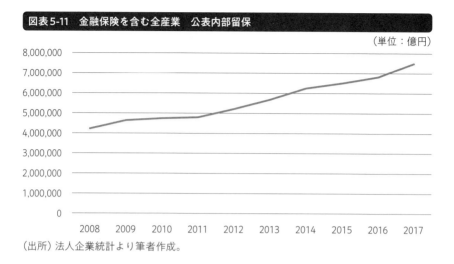

図表5-11 金融保険を含む全産業 公表内部留保

（単位：億円）

（出所）法人企業統計より筆者作成。

種における公表内部留保は2008年に422兆円たったのに対し、2017年は752兆円です。増加率は1.78倍にもなります。

3 隠れた利益の内部留保 ——減価償却費の過大計上分

　もう1つの内部留保概念である実質内部留保は、隠れた利益の蓄積を含むもので、広義の内部留保といわれています。実質内部留保は、公表内部留保に加えて主に減価償却費の過大計上額から構成されます。

　減価償却費は、現在、定額法のほかに、定率法、2倍定率法や法人税法上の特別償却により、初期の段階で多くの減価償却費を計上できる制度があります。現在は2倍定率法ですが、2011年までは2.5倍定率法が採用されていました。どちらの方法も定額法の償却率を2倍ないし2.5倍することで償却率を計算します。2.5倍定率法は初期の段階で非常に多くの減価償却費を計上できました。これが問題となり、2倍定率法に改正されました。2倍定率法であっても、通常の定額法よりも初期の段階で多くの減価償却費を計上できます。

取得原価100万円、耐用年数6年で、残存価額10%定額法、残存価額10%定率法、2.5倍定率法、2倍定率法をそれぞれ適用して減価償却費を計算し、それぞれの帳簿価格がどのように推移するかを示したグラフが図表5-12です。残存価額10%定額法を適用した場合による1年目の帳簿価額は850,000円です。これに対し2.5倍定率法は585,000円、2倍定率法は668,000円です。2.5倍定率法や2倍定率法は、残存価額10%定額法と比較すると初年度の段階で約3割程度、減価償却費を多く計上でき、帳簿価額がその分小さくなり、残存価額は1円まで償却ができます。

　さらに、租税特別措置法に「減価償却の特例」として特別償却が規定されています。特別償却はさまざまな政策的要請から、減価償却費の損金算入を拡大できる制度です。これらの制度によって減価償却を行うと、初期の段階で帳簿価額の大部分を償却することができます。

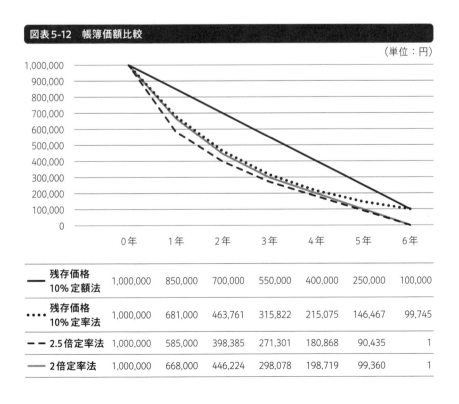

図表5-12　帳簿価額比較

（単位：円）

	0年	1年	2年	3年	4年	5年	6年
残存価格10%定額法	1,000,000	850,000	700,000	550,000	400,000	250,000	100,000
残存価格10%定率法	1,000,000	681,000	463,761	315,822	215,075	146,467	99,745
2.5倍定率法	1,000,000	585,000	398,385	271,301	180,868	90,435	1
2倍定率法	1,000,000	668,000	446,224	298,078	198,719	99,360	1

したがって、減価償却費の過大計上部分を少なくとも約30%程度とみて、実質内部留保として分析するのです。公表内部留保に減価償却累計額の30%をプラスすることで実質内部留保を計算します。

Section 4

貸借対照表からわかる内部留保（3）
内部留保を計算してみよう

1 内部留保額を計算するシート、分析比率

　これまでの内部留保項目をまとめます。一般的にいわれる内部留保は利益剰余金です。公表内部留保は利益剰余金と資本剰余金とその他の包括利益累計額を合計した金額となります。実質内部留保は公表内部留保に減価償却累計額の30%をプラスした額になります。内部留保分析を行うために決算書から数値を探す必要があります。その数値を内部留保分析シートとしてまとめたものが図表5-13です。内部留保分析シートを使って、内部留保額の計算をしてみましょう。

　内部留保額がわかったら、次の比率を用いて、内部留保の比率分析をしてみましょう。

　総資本利益剰余金比率は、総資本に占める利益剰余金の割合を計算します。分母の総資本を算定するときに、自己株式を足し戻す必要があります。自己株式は、表示上は資本の控除項目となっていますが、自社の株式であり、資産性のあるものです。したがって、分析上、自己株式がある場合、自己株式を総資本に足し戻して計算します。

$$総資本利益剰余金比率 = \frac{利益剰余金}{総資本} \times 100$$

図表5-13　内部留保分析シート

●公表内部留保

利益剰余金	①	円
資本剰余金	②	円
その他の包括利益累計額	③	円
公表内部留保（①＋②＋③）	④	円

●実質内部留保

減価償却累計額	⑤	円
減価償却累計額×30%（⑤×30%）	⑥	円
実質内部留保（④＋⑥）	⑦	円

●換金性金融資産

現金預金	⑧	円
有価証券	⑨	円
投資有価証券	⑩	円
換金性金融資産（⑧＋⑨＋⑩）	⑪	円

●総資本

負債純資産合計	⑫	円
自己株式	⑬	円
総資本（⑫＋⑬）	⑭	円

（出所）筆者作成。

　公表内部留保率は、総資本に占める公表内部留保の割合を計算します。

$$公表内部留保率 = \frac{公表内部留保}{総資本} \times 100$$

　実質内部留保率は、総資本に占める実質内部留保の割合を計算します。

$$実質内部留保率 = \frac{実質内部留保}{総資本} \times 100$$

換金性金融資産対利益剰余金比率は、利益剰余金に占める換金性金融資産の割合を計算します。

$$換金性金融資産対利益剰余金比率 = \frac{換金性金融資産}{利益剰余金} \times 100$$

換金性金融資産対公表内部留保率は、公表内部留保に占める換金性金融資産の割合を計算します。

$$換金性金融資産対公表内部留保率 = \frac{換金性金融資産}{公表内部留保} \times 100$$

換金性金融資産対実質内部留保率は、実質内部留保に占める換金性金融資産の割合を計算します。

$$換金性金融資産対実質内部留保率 = \frac{換金性金融資産}{実質内部留保} \times 100$$

2 任天堂の内部留保分析

　任天堂の決算書を参考に内部留保分析をしてみましょう。利益剰余金は、1兆731億円です。公表内部留保は1兆1,023億円（利益剰余金1兆731億円＋資本剰余金116億円＋その他の包括利益累計額176億円）です。実質内部留保は公表内部留保に減価償却累計額（421億円）の30％を乗じた額（126億円）をプラスした1兆1,149億円となります。総資本利益剰余金比率は79.7％、公表内部留保率は81.9％、実質内部留保率は82.8％となります。

　いずれの比率も高ければ、莫大な内部留保を抱えていることがわかります。任天堂は、総資本利益剰余金比率が79.7％と非常に高く、過去の好業績により、利益を蓄積している状況が読みとれます。公表内部留保率は81.9％であり、負債が少なく総資本のほとんどが内部留保といえます。実質内部留保率も82.8％と非常に高いです。

　内部留保に対してどれほどの換金可能な金融資産を保有しているかを分

図表5-14 任天堂の個別貸借対照表2018年

（単位：百万円）

資産の部		負債の部	
流動資産		**流動負債**	
現金及び預金	608,902	支払手形及び買掛金	55,698
受取手形及び売掛金	73,646	未払金	17,758
有価証券	136,829	未払法人税等	58,807
たな卸資産	36,403	前受金	19,747
その他	90,182	賞与引当金	3,572
貸倒引当金	△1	その他	71,540
流動資産合計	945,964	流動負債合計	227,124
固定資産		**固定負債**	
有形固定資産		退職給付引当金	6,107
建物	23,041	その他	930
工具、器具及び備品	1,425	固定負債合計	7,037
土地	32,727	負債合計	234,162
建設仮勘定	—	**純資産の部**	
その他	1,192	**株主資本**	
有形固定資産合計	58,387	資本金	10,065
無形固定資産		資本剰余金	
ソフトウエア	4,163	資本準備金	11,584
その他	2,128	その他資本剰余金	—
無形固定資産合計	6,291	資本剰余金合計	11,584
投資その他の資産		利益剰余金	
投資有価証券	74,947	利益準備金	2,516
関係会社株式	31,397	その他利益剰余金	
関係会社出資金	10,419	固定資産圧縮積立金	30
繰延税金資産	52,478	別途積立金	860,000
その他	9,914	繰越利益剰余金	210,601
貸倒引当金	△0	利益剰余金合計	1,073,147
投資その他の資産合計	179,157	自己株式	△156,755
固定資産合計	243,836	株主資本合計	938,042
		評価・換算差額等	
		その他有価証券評価差額金	17,596
		評価・換算差額等合計	17,596
		純資産合計	955,638
資産合計	1,189,800	**負債純資産合計**	1,189,800

析すると、換金性金融資産対利益剰余金比率は76.5%、換金性金融資産対公表内部留保率は74.4%、換金性金融資産対実質内部留保率は73.6%となります。いずれの比率も高ければ内部留保に対して換金可能な資産を十分に保有していることになります。任天堂の場合、換金性金融資産対利益剰余金比率は76.5%もあり、利益剰余金に対して換金可能な金融資産を7割以上保有していることがわかります。換金性金融資産対公表内部留保率と換金性金融資産対実質内部留保率も7割以上あります。任天堂はゲーム機を販売している会社ではありますが、借金がなく、過去の利益の蓄積によって多額の金融資産を保有している「金庫」のような企業なのです。

図表5-15　任天堂の有形固定資産等明細表2018年

（単位：百万円）

区分	資産の種類	当期首残高	当期増加額	当期減少額	当期償却額	当期末残高	減価償却累計額
有形固定資産	建物	44,402	2,088	965	1,433	45,525	22,483
				△773			
	構築物	2,449	79	17	112	2,511	1,545
				△2			
	機械及び装置	1,319	61	85	55	1,295	1,087
	車両運搬具	95	1	3	10	93	74
	工具、器具及び備品	18,933	897	1,447	1,266	18,382	16,957
				△28			
	土地	36,550	−	3,823	−	32,727	−
				△3,823			
	建設仮勘定	325	534	859	−	−	−
	計	104,075	3,662	7,201	2,878	100,536	42,149
				△4,627			
無形固定資産	ソフトウエア	2,607	3,687	1,241	357	5,053	890
	その他	3,259	−	−	404	3,259	1,130
	計	5,866	3,687	1,241	761	8,312	2,021

（注1）「当期減少額」の（　）内は、減損損失の計上額で内数です。
（注2）当期首残高及び当期末残高は、取得価額で記載しています。

Section 5

私立大学の経営分析

1 私立大学の貸借対照表と損益計算書の分析

　これまでは私企業である株式会社を分析の対象としてきました。ここでは公益法人である学校法人と設置する大学等を含んだ「私立大学」を分析の対象にします。私立大学の決算書は、学校法人と学校法人が設置する大学、付属学校等の私立学校を含んでいます。私立大学は、貸借対照表、損益計算書、キャッシュフロー計算書に当たる計算書を作っています。国立大学も、公立大学（法人化している公立大学のみ）も同様です。

　決算書は、大学のホームページから入手することができます。野球の東京六大学のうち、5つの私立大学の貸借対照表と損益計算書（事業活動収支計算書）、を大くくりにして、それぞれ100％計算書にしてみました（野中郁江『私立大学の財政分析ハンドブック』大月書店、2020年）。

■ 私立大学5校の100％貸借対照表

　まず資産です。資産は、有形固定資産と金融資産とその他の3つに区分しました。大学の有形固定資産は、土地、建物が中心ですが、図書があって、これを減価償却しないところが私大の会計の特徴です。金融資産は、流動資産のなかの現金・預金、有価証券、固定資産のなかの引当特定資産、有

図表5-16　私立大学5校の100%貸借対照表

(単位：百万円)

慶應義塾大学　100%貸借対照表

有形固定資産	243,618	56%	有利子負債	7,304	2%
金融資産	167,235	38%	その他の負債	99,710	23%
その他の資産	27,288	6%	純資産	331,127	76%
資産合計	438,140	100%	負債・純資産合計	438,140	100%

法政大学　100%貸借対照表

有形固定資産	141,206	63%	有利子負債	5,784	3%
金融資産	81,020	36%	その他の負債	24,319	11%
その他の資産	1,527	1%	純資産	193,650	87%
資産合計	223,753	100%	負債・純資産合計	223,753	100%

明治大学　100%貸借対照表

有形固定資産	143,156	63%	有利子負債	0	0%
金融資産	80,026	35%	その他の負債	52,600	23%
その他の資産	5,436	2%	純資産	176,018	77%
資産合計	228,618	100%	負債・純資産合計	228,618	100%

立教大学　100%貸借対照表

有形固定資産	49,812	59%	有利子負債	6,381	8%
金融資産	33,455	40%	その他の負債	10,089	12%
その他の資産	1,389	2%	純資産	68,185	81%
資産合計	84,656	100%	負債・純資産合計	84,656	100%

早稲田大学　100%貸借対照表

有形固定資産	240,356	64%	有利子負債	6,761	2%
金融資産	115,155	31%	その他の負債	52,839	14%
その他の資産	21,025	6%	純資産	316,936	84%
資産合計	376,536	100%	負債・純資産合計	376,536	100%

価証券を合計しました。

次に負債・純資産です。

負債は、有利子負債とその他負債に分け、純資産は総額です。有利子負債は、主として短期借入金、長期借入金の合計です。その他負債では、退職給与引当金と新入生から2、3月に受け取った入学金と学納金、前受金がほとんどです。

大学の資産は、いずれの大学も、6割ほどの施設設備と3〜4割の金融資産からなっていることがわかります。資金調達については、有利子負債の割合が高いのは立教大学の8%で、明治大学が0%です。明治大学のその他の負債の割合が高いのは、独自年金についての年金負債をここに計上しているからです。

純資産は法政大学が87%で、慶應義塾大学が76%です。有利子負債の高い立教大学は81%で、5大学中まんなかです。

多少の違いはあっても、豊富な金融資産を保有し、ほぼ無借金の状態であることがわかります。財政状態は、盤石です。

② 私立大学5校の100%損益計算書

損益計算書（事業活動収支計算書）です。収益合計にあたるのが事業活動収入で、費用合計にあたるのは事業活動支出です。事業活動収入を100として、5大学を並べてみました。

100%貸借対照表では、資産構成も負債・純資産構成も大差ありませんでした。ところが損益計算書にあたる事業活動収支計算書は、様子が違っています。いくつか特徴をあげてみましょう。

①教育活動の収支差額では、慶應義塾大学が収入よりも支出のほうが大きく、マイナス1.4%です。法政大学は、プラス11.8%の収入超過です。

②教育活動外の収支差額では、資産運用収入の大きい慶應義塾大学が2.1%、早稲田大学が2.7%の収入超過となっており大きい。立教大学は0.3%と小さい。

③特別収入の占める割合は、慶應義塾大学が3.4%と大きい。これは施設

図表5-17　私立大学5校の100%損益計算書

(単位：百万円)

	慶應義塾大学		法政大学		明治大学	
教育活動収入	153,917	94.4	49,997	99.1	52,885	98.6
教育活動支出	156,235	95.8	44,031	87.2	51,533	96.1
教育活動収支差額	△2,318	△1.4	5,967	11.8	1,352	2.5
教育活動外収入	3,694	2.3	372	0.7	443	0.8
教育活動外支出	239	0.1	42	0.1	0	0.0
教育活動外収支差額	3,455	2.1	330	0.7	443	0.8
経常収支差額	1,137	0.7	6,297	12.5	1,796	3.3
特別収入	5,495	3.4	104	0.2	288	0.5
特別支出	351	0.2	239	0.5	162	0.3
特別収支差額	5,145	3.2	△135	△0.3	126	0.2
事業活動収支差額	6,282	3.9	6,162	12.2	1,921	3.6
事業活動収入合計	163,107	100.0	50,473	100.0	53,616	100.0
事業活動支出合計	156,825	96.1	44,311	87.8	51,695	96.4

	立教大学		早稲田大学	
教育活動収入	28,974	98.9	99,466	94.8
教育活動支出	26,929	91.9	97,081	92.6
教育活動収支差額	2,045	7.0	2,385	2.3
教育活動外収入	200	0.7	3,609	3.4
教育活動外支出	118	0.4	778	0.7
教育活動外収支差額	81	0.3	2,832	2.7
経常収支差額	2,127	7.3	5,217	5.0
特別収入	122	0.4	1,812	1.7
特別支出	15	0.1	1,001	1.0
特別収支差額	107	0.4	812	0.8
事業活動収支差額	2,233	7.6	6,028	5.7
事業活動収入合計	29,296	100.0	104,888	100.0
事業活動支出合計	27,063	92.4	98,859	94.3

補助金や施設設備寄付金が大きいからです。慶應義塾大学病院を設置していることに理由がありそうです。

④利益率にあたる事業活動収支差額比率は、3.6%の明治大学、3.9%の慶應義塾大学から12.2%の法政まで差があります。

大学は、高等教育機関です。営利組織ではないので、利益率が高いことを評価するべきかどうか、考えなければなりません。なお著者は明治の教員なので、事業活動収支差額比率、利益率の低さをむしろ評価したいと思います。

2 注意が必要なのは基本金組み入れ

私立大学の決算書の様式は、学校法人会計基準（文部科学省省令）で定められています。このなかに、基本金組み入れ制度というものがあって、読み手の理解を妨げています。前述の5大学比較では、基本金組み入れを取り入れずに、会社の決算書と同じように分析しましたが、理由があるのです。

基本金を組み入れると、ほとんどの大学が赤字となります。こうした理解できない赤字を表記することで人件費の削減やときには整理解雇が必要な根拠とされることもあります。その被害は甚大です。基本金組み入れ制度について考えていると、私立大学の理事会は、財政状態について、広く社会に理解してもらう気があるのか疑わしいとさえ思います。しかし、その影響は重大ですので、簡単に紹介しておきます。

基本金は、貸借対照表では純資産の内訳です。明治大学の貸借対照表の純資産は、図表5-18のようになっています。純資産は、1,760億円ですが、基本金を2,471億円組み入れてきたので、繰越収支差額が711億円のマイナスになっています。繰越収支差額は、いわゆる損失が累積してきた金額ではありません。それどころか私立大学は、前述した通り、毎年安定して、利益を計上しています。「基本金を2,471億円組み入れてきたので、繰越収支差額がマイナスになっています」とは、どういうことでしょうか。

図表5-18　明治大学　純資産の部（2018年度末）

（単位：億円）

基本金	2,471
第1号基本金	2,350
第2号基本金	20
第3号基本金	62
第4号基本金	40
繰越収支差額	△711
純資産の部合計	1,760

図表5-19　事業活動収支計算の最後の部分（2018年度）

（単位：億円）

基本金組入前当年度収支差額	19
基本金組入額	△28
当年度収支差額	△8
前年度繰越収支差額	△703
翌年度繰越収支差額	△711

　この赤字711億円は、損益計算書にあたる事業活動収支差額計算書で、毎年度、このような基本金組入を行ってきた累積額です。当期利益にあたる事業活動収支差額は、「基本金組入前当年度収支差額」と呼ばれているので、そこから載せます（図表5-19）。

　まず当期純利益にあたる金額19億円が示されて、その後、基本金に28億円組み入れられます。基本金は、当期利益の枠を超えて組み入れられることが多いので、ほとんどの私大は基本金を組み入れたあとの当年度収支差額も、毎年の累積額である前年度繰越収支差額も翌年度繰越収支差額も、赤字になってしまいます。

　利益の額を上回って、組み入れられる基本金とは、いったい何でしょうか？　学校法人会計基準は、次の金額を基本金として、組み入れることを求

めています。

- **●第1号基本金**：その年に、負債によらないで、つまり手持ちの現預金等で、施設設備を購入した金額
- **●第2号基本金**：翌年度以降に、施設設備を購入しようと計画的に積み立てている金額
- **●第3号基本金**：研究や奨学事業のために運用益を使おうと、金融資産を区別した金額
- **●第4号基本金**：1月分の費用の支払いのために必要な金額

　第1号は、その年度の利益額とは関係のない資産購入額です。第2号から第4号は、「資産の側で、これだけの金融資産を持っていてね」という問題です。どうして、こうした基本金を年度の利益から組み入れしてしまい、マイナスの繰越収支差額を損益計算書にあたる事業活動収支計算書や貸借対照表に載せるのか、理解に苦しみます。特に第1号基本金は、金額も大きいので、影響大です。

　第1号基本金は、たとえば、ある年の年収500万円の人が、ようやく10年かかって貯めた預金700万円を使って部屋の増築をしたとして、年収500万円から700万円を引き算するような感じです。

　こんなに理解できない基本金組み入れ制度を使った赤字宣伝で、人件費の引き下げをしたり、整理解雇を正当化するなどということは、とても納得できることではありません。

　私立大学の経営分析では、基本金組み入れを無視して、前述のように、全体像を見ることが大切です。

　前掲した拙著『私立大学の財政分析ハンドブック』では以下の基本金組み入れ制度改正案を示しました（同書、134ページ）。参考までに転載します（一部）。

　　それではいったい基本金組み入れは、どのようにおこなうべきでしょうか。基本的な考え方といくつかの方向性を示しておきます。

(1) 現行の基本金組み入れ制度は廃止

　現行の基本金組み入れ制度の最大の問題は、事業活動収支計算書で算定される事業活動収支差額とは関係なく、多くの場合、事業活動収支差額を超えることになる金額を基本金に組み入れることです。この基本金組み入れ制度は廃止するべきです。

(2) 第1号基本金組み入れ制度改正の3方向

　現行の基本金組み入れ制度に変わる基本金組み入れ制度は、以下の3つの選択肢があると考えます。

①学校法人の設置や学校の新設にあたって受けた寄付金のみを基本金とし、毎年の事業活動収支差額は、繰越収支差額として累積していく。

②学校法人の設置や学校の新設にあたって受けた寄付金に加えて、施設設備という目的を明確にした寄付金を基本金に組み入れる。

③学校法人の設置や学校の新設にあたって受けた寄付金だけでなく、毎年の事業活動収支差額を全額、基本金に組み入れる。

Part 6

決算書の
数値を使うと
富の分配が
わかる

Section 1

当期純利益と税額に注目
税金を払わない大企業

　利益の内部留保（利益剰余金）は、税金を支払ったあとの利益を蓄積したものです。日本の企業の税金の支払いは、どの程度でしょうか？　法人税の税率は、23.2％です。しかし規模別に見ると、どうも規模が大きい企業ほど、税率が低いようです（図表6-1）。ここでは、この税金の問題を会計数値から見てみましょう。

1 資本金規模別の実質法人税負担率

　日本では、企業に対する課税のうち法人税は、比例税率を採用しています。比例税率は、所得に対して一定の税率で課税します。現在は23.2％（2019年）です。ですからどの企業も一律に同じ税率で課税されているはずです。しかし、大企業であるほど、税負担率が低く税金を支払っていない現実があります。

　課税の対象となる法人所得は、当期利益を調整して計算されます。そこで企業会計上の利益に対する納税額の割合を計算してみます。この割合を実質法人税負担率と呼ぶことにします（詳しい算定方法については田中里美『会計制度と法人税制——課税の公平から見た会計の役割についての研究』唯学書房、2017年、88〜93ページ）。実質法人税負担率は次の計算式で算定されます。データは、国税庁が公表している「税務統計からみた法人企業の実態」を利用するため、

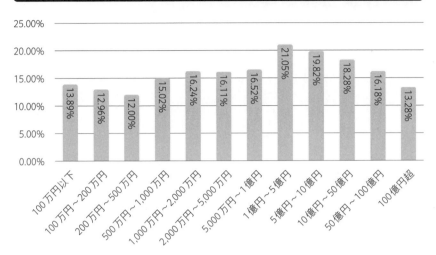

図表6-1　実質法人税負担率（2017年）

（出所）国税庁「税務統計からみた法人企業の実態」より筆者作成。

当期利益を申告所得金額から推定して算出します。

$$実質法人税負担率 = \frac{法人税額}{推定当期利益} \times 100\%$$

　図表6-1は実質法人税負担率の算定結果です。

　資本金規模の小さい企業は、軽減税率が適用されていることもあり、実質法人税負担率が低くなります。しかし、資本金規模100億円以上の巨大企業の実質法人税負担率が13.28%と非常に低い負担率となっています。資本金規模50億円以上100億円未満の大企業は16.18%であり、10億円以上50億円未満の大企業は18.28%となり、法人税率23.4%（2017年）よりも相当低い税負担率となっています。資本金規模10億円以上の法人の抽出率は100%であるため、資本金規模10億円以上の大部分の大企業は法定税率である23.4%（2017年）よりも6〜10%も低い税負担率であることが明かとなります。特に資本金規模100億円以上の巨大企業は非常に軽い税負担であることがわかります。

2 個別企業の実効税負担率

有価証券報告書の情報から法人税の負担率を計算することができます。ここでは富岡幸雄氏が提唱している計算式とその分析結果を紹介します。税引前当期利益に対する法人税等の比率を実効税負担率と呼び、計算します。実質法人税負担率は税務統計の数値を用いて企業利益を推定して計算していますが、実効税負担率は決算書の税引前当期純利益と法人税等を用いて計算します。

$$実効税負担率 = \frac{法人税等}{税引前当期純利益} \times 100\%$$

ここでは単体納税している企業を取り上げます。単体納税では、法人格を持つ会社ごとに所得と税金を計算して、申告書を提出して税金を支払っています。

事業会社の実効税負担率の算定結果は図表6-2のようになります。実効税負担率が20%未満の会社を載せました。日本製鉄は、約1,110億円の税引前当期純利益があるのに対し、納税額はわずか16億円です。

単体納税している純粋持株会社の実効税負担率の算定結果は図表6-3のようになります。持株会社は実効税負担率が非常に低いです。なぜなら、持株会社の収益は子会社や関連会社からの受取配当が中心であり、税制上、受取配当益金不算入制度という特例があるからです（後述）。純粋持株会社の実効税負担率は1%にも届かない企業があります。

3 純粋持株会社の決算書とその収入

こうした大企業ほど低くなる法人税負担率の原因は、主に受取配当益金不算入制度と研究開発促進税制などによる税額控除などです（田中里美『会計制度と法人税制——課税の公平から見た会計の役割についての研究』唯学書房、2017年、93〜95ページ）。これらを大企業ほど有効活用できているのです。

図表6-2　単体納税している事業会社・持株会社

（単位：万円）

社名	決算期	税引前 当期純利益	法人税等	実効 税負担率
日本製鉄（新日鐵住金）	3月	1,109億5,700	16億1,500	1.46%
出光興産	3月	976億800	19億9,400	2.04%
アステラス製薬	3月	2,915億7,300	160億3,500	5.50%
HOYA	3月	1,394億2,500	116億1,500	8.33%
富士フイルムHD	3月	698億900	74億800	10.61%
アイシン精機	3月	789億6,800	102億	12.92%
ダイキン工業	3月	1,354億1,600	186億3,100	13.76%
東京電力パワーグリッド	3月	694億4,700	116億6,300	16.79%
いすゞ自動車	3月	698億7,500	131億5,600	18.83%
積水ハウス	3月	1,134億300	223億3,000	19.69%

（出所）富岡幸雄『消費税が国を滅ぼす』文藝春秋、2019年、111ページ。

図表6-3　単体納税している純粋持株会社

（単位：万円）

社名	決算期	税引前 当期純利益	法人税等	実効 税負担率
ソフトバンクグループ	3月	1,624億2,200	500	0.003%
飯田グループHD	3月	461億7,000	900	0.019%
第一生命HD	3月	565億1,300	3,300	0.058%
コンコルディア・FG	3月	328億4,800	3,600	0.110%
ソニーフィナンシャルHD	3月	266億200	3,300	0.124%
SOMPOHD	3月	1,070億6,300	1億8,100	0.169%
MS&ADインシュアランスグループHD	3月	1,290億5,100	7億7,500	0.601%
みずほFG	3月	2,587億4,900	22億7,200	0.878%
ニトリHD	3月	676億3,700	29億3,500	4.340%
アサヒグループHD	3月	661億4,600	94億6,500	14.310%

（出所）富岡幸雄『消費税が国を滅ぼす』文藝春秋、2019年、116ページ。

ここではソフトバンクグループの2018年度を例に、受取配当益金不算入制度について見てみましょう。損益計算書（図表6-4）によれば、主な収入は、子会社、関連会社からの受取配当です。約2兆698億円もの額となっています。子会社や関連会社には携帯電話に関係する会社もあれば、そうでない会社もあり、ソフトバンクグループは、さまざまな会社の株式を保有しています。たとえば、ヤフーはインターネットの広告業を営む会社で、福岡ソフトバンクホークスはプロ野球球団の運営管理などをしている会社です。また、保有比率が100%子会社もあれば、50%に満たない子会社もあり、持株比率もさまざまです。持株会社の株式も保有しています。これらの会社から受け取る配当の大部分が益金不算入となり、税務上の所得から除外されているのです。

　税引前当期純利益が1兆9,804億円も計上されているにもかかわらず前年と同様で法人税等はわずか500万円です。実効税負担率は0.00025%です。

　ソフトバンクグループは東京都港区に本社を置く日本の法人です。持株会社とはいえ、日本に住所を置き、日本で営業活動を行う企業なのです。法人格を有し、社債を発行したり、株式を発行したり、給料を支払い、口座を開設して現金預金を保有したり、固定資産に投資したりして、法人として営業活動を行っているのです。そして、受取配当はソフトバンクグループが主たる営業活動を行うことで得た所得なのです。この受取配当による所得が受取配当益金不算入制度により、所得から除外され、課税がなされないため、実効税負担率が非常に低いのです。

4 受取配当益金不算入への疑問

　受取配当益金不算入制度により、1961年の改正まで、法人が受け取った配当は全額益金不算入となっていました。その後、1988年に、一般株式等（保有比率の低い会社の株）について益金不算入割合が80%、2002年に50%、2015年20%と縮小されてきました。

　現在の受取配当益金不算入制度は、2015年4月1日以後開始の事業年度

図表6-4　ソフトバンクグループの損益計算書（2018年4月～2019年3月）

（単位：百万円）

営業収益	
関係会社受取配当金	2,069,783
その他の営業収益	274
営業収益合計	2,070,057
営業費用	**52,697**
営業利益	**2,017,359**
営業外収益	
受取利息	5,231
関係会社貸付金利息	75,257
受取配当金	695
その他	21,897
営業外収益合計	103,079
営業外費用	
支払利息	30,670
関係会社支払利息	50,618
社債利息	156,670
為替差損	51,795
社債発行費償却	14,710
社債買入交換費用	43,940
借換関連手数料	12,201
その他	31,332
営業外費用合計	391,935
経常利益	**1,728,503**
特別利益	
投資有価証券売却益	1,325
関係会社清算益	309,139
抱合せ株式消滅差益	36,146
特別利益合計	346,611
特別損失	
投資有価証券評価損	5,442
関係会社株式評価損	89,246
特別損失合計	94,688
税引前当期純利益	**1,980,425**
法人税、住民税及び事業税	**5**
法人税等調整額	**2,728**
法人税等合計	**2,733**
当期純利益	**1,977,693**

から適用されているものです。100%子会社から受け取る配当金はそのすべてが益金不算入となります。持株比率1/3 (33.3…%) を超える関係会社から受け取る配当金もそのすべてが益金不算入となります。たとえ持株比率が50%を下回っていたとしても1/3 (33.3…%) 以上を保有している会社から得られる配当金は全額が益金に算入されず、所得からはずされ、課税除外になります。また、日本の親会社が外国子会社から受ける配当は、その配当の95%が益金不算入とされます。

図表6-5　2015年度改正　イメージ図

株式等保有割合（区分）	2015年改正前	
100%（完全子法人株式等）	100%益金不算入	
25%～100%（関係法人株式等）	100%益金不算入	負債利子控除
25%未満 （上記以外の株式等及び証券投資信託）	50%益金不算入	負債利子控除

株式等保有割合（区分）	2015年改正後	
100%（完全子法人株式等）	100%益金不算入	
1/3超100%未満（関係法人株式等）	100%益金不算入	負債利子控除
5%超1/3以下（その他の株式等）	50%益金不算入	
5%以下[*1]（非支配目的株式等）	20%益金不算入	
証券投資信託[*2]	100%益金算入	

（＊1）保険会社の場合は40%が益金不算入となる。（措法67の7①）
（＊2）特定株式投資信託の場合は非支配目的株式等と同様の取り扱いとなる。（措法67の6①）

こうした受取配当益金不算入制度が存在するため、関係会社からの受取配当収入の大きい会社の実質法人税負担率や実効税負担率が低いのです。子が親から相続財産を取得したときに相続税がかかるのは、別人格の個人の所得が増加するからです。法人にのみ、受取配当という所得が移転したときに益金不算入の規定を置くことは、不公平です。受取配当はたとえ100%子会社であっても他法人から移転してきた所得なのですから、原則、課税すべきです。また他方で、グループ会社の優遇税制といわれる連結納税制度もあるのですから、関係会社からの受取配当益金不算入制度は、優遇しすぎです。

　この受取配当益金不算入制度を見直せば、法人税収は増え、企業全体の実質法人税負担率も高くなり、1%にも満たない実効税負担率の会社がなくなるのではないでしょか。

Section 2

////////////

付加価値分析で
富の分配を明らかにする

1 「付加価値」とは手間暇、加工

　ここでは、損益計算書を組み替えて、利益ベースではなく、付加価値ベースで分析し、富の分配のされ方を学びましょう。まず耳慣れない付加価値を身近に理解するところから始めます。日常の使い方では、「付加価値を付ける」とは、手間暇をかけることですね。手間暇、つまり労働をして新しい価値を付け加えることです。

　たとえば本という製品を作ることを例にしてみます。まず山から木を伐り出して、紙を作ります。木材業者から木材が製紙業者に売られ、製紙業者が紙を作ります。インクは化学品なので、インク業者が工場で製造します。紙とインクを買い入れて、文章などのコンテンツを著者に提供してもらい、装丁を依頼して、編集をして本ができます。出版社の付加価値は、編集と本作り（の手配）です。付加価値のイメージは図表6-6の通りです。

　それぞれの企業は、購入した財（仕入れコスト）に加工をして、新たな価値を付加して、売却していきます。仕入れコストに付加価値を加算した金額が、売上高となるのです。価値を生み出すのは、手間暇、加工度、労働です。加工度が高いと、そのサービスや商品の価値（値段）は高くなります。

　マルクスは、商品の価値はかかった労働時間によって決まるといっています。付加価値も同じことです。この付加価値を社会全体で加算すると、労

林業	製紙業	印刷・製本業・出版業		付加価値の合計

働が生み出した富の総額がわかります。国内総生産GDPです。企業は、付加価値を生み出す現場です。

❶ 法人企業統計

　では付加価値は、どのように計算するのでしょうか？　付加価値とは、生産額（売上高）から外部から購入した原材料、設備購入費、外部委託費、経費を差し引いた金額のことです。引き算で説明をしています。これから検討する法人企業統計では、生み出された付加価値がどう分配されていくかに注目して、分配先を足し算をして、付加価値総額を計算しています。

（単位：億円）

	1996年度	2016年度
付加価値額	2,697,206	2,987,974
役員給与	290,330	252,258
役員賞与	8,359	7,077
従業員給与	1,428,905	1,306,905
従業員賞与	***	220,021
福利厚生費	246,574	232,530
支払利息等	192,084	62,464
動産・不動産賃借料	254,077	271,768
租税公課	133,216	110,131
営業純益	152,022	524,820
従業員数（人）	36,756,538	41,114,768

（注）1996年度の従業員賞与は従業員給与に合算されていたので、記入がない。
（出所）『法人企業統計』各年度より筆者作成。

　法人企業統計を使って、1996年度と2016年度の付加価値総額やその分配先を比較します。1996年度と2016年度の法人企業統計の付加価値データは図表6-7の通りです。

　付加価値総額は、298兆7,974億円です。付加価値の分配先は、以下の通りです。役員給与、役員賞与、従業員給与、従業員賞与、福利厚生費までは、役員、従業員に対する支払いです。支払利息は、借入に対するコスト、動産・不動産賃借料は賃貸してる土地や建物、リース物件のコスト、租税公課は政府に対する配分、営業純益は営業利益（支払利息を引いている）レベルでの、企業の利益です。

　付加価値は、労働が生み出すものですが、労働を提供した労働者だけでなく、役員、金融機関、不動産業、政府、企業（利益）に分配されていることがわかります。

❷ 付加価値についての比率

$$付加価値率 = \frac{付加価値}{売上高} \times 100\%$$

$$付加価値生産性 = \frac{付加価値}{従業員数} \times 100\%$$

$$労働分配率 = \frac{従業員人件費}{付加価値} \times 100\%$$

付加価値についても、いろいろな比率があります。付加価値率は、売上高に占める付加価値の割合ですから、加工度、労働によって付加された価値の割合を示します。外注化を進めると、付加価値率が下がっていきます。逆に外注化していた工程を内製化すると付加価値率は上がります。

付加価値は、労働によって生み出されるので、労働者と関連付ける比率が多いようです。付加価値生産性は、1人当たりの付加価値額です。労働分配率は、生み出された付加価値に占める労働者への分配額、人件費の割合です。

それぞれの企業で比率を計算することもしますが、法人企業統計を使って、法人企業全体の比率を計算すると図表6-8の通りです。比率を構成する売上高も載せました。

図表6-8　付加価値（全産業）の指標

	1996年度	2016年度
売上高（億円）	14,483,830	14,557,563
付加価値率	18.6%	20.5%
付加価値生産性	734万円	727万円
労働分配率	62.1%	58.9%
営業純益分配率	5.6%	17.6%

付加価値率は上がっています。付加価値率が低いとさまざまな分配の原資が得られないので、付加価値率を高めていくことは大切です。「付加価値の高い仕事をしよう」、「付加価値をつけて価格の上乗せする」という表現は、付加価値率を高めようとしているのです。

付加価値生産性は下がりました。会社で働く従業員数は増えていますから、増えた労働者は比較的付加価値の少ない労働に従事していることがわかります。

一方で、労働分配率は下がっています。労働分配率が低いということは労働者の取り分が、生み出された付加価値とは無関係に減っていることを示しています。

営業純益の割合は3倍になっています。労働者への分配と企業が得る利益とは、対立する関係にあることがよくわかります。

2 付加価値を使って富の分配が分析できる

1 付加価値データをまとめて組み換える

法人企業統計では、営業純益を企業に属する最終分配額としています。営業純益から法人税等が支払われ、さらに配当金が支払われる。この関係を付加価値の分配のなかに組み入れれば、もっと意味のある付加価値データが得られるのではないでしょうか。こう考えて法人企業統計を経営者、労働者、金融機関、不動産業、政府・自治体、投資家（配当金）、企業の内部留保への配分がわかるように、組み替えました。ここでは、特別損益を無視したこと、法人税調整額を加算しなかったことにより、損益計算書の税引後当期純利益とは不連続になっています。

①役員給与と役員賞与を合算して役員報酬等とします。

②従業員給与、賞与、福利厚生費を合算して従業員人件費とします。

③政府・自治体への配分を示すために租税公課と法人税・住民税・事業税を合算して税負担額とします。なお法人税・住民税・事業税は、「営業純益」から支払われるものであるので、営業純益項目が細分される

図表6-9　付加価値分配額の変化

	1996年度		2016年度	
	総額（億円）	分配率	総額（億円）	分配率
①役員報酬等	298,689	11.1%	259,335	8.7%
②従業員人件費	1,675,478	62.1%	1,759,456	58.9%
③支払利息等	192,084	7.1%	62,464	2.1%
④賃借料	254,077	9.4%	271,768	9.1%
⑤税負担額	285,605	10.6%	291,235	9.7%
⑥配当金	41,795	1.5%	200,802	6.7%
⑦内部留保	△50,521	△1.9%	142,914	4.8%
付加価値合計	2,697,206	100.0%	2,987,974	100.0%

　ことになります。

　④営業純益からは株主に対する分配を示す配当金が支払われます。法人
　　企業統計の中間配当、配当金の項目を合算し、配当金とし、株主分配
　　がわかるようにします。

　⑤③と④により、営業純益から、法人税・住民税・事業税と中間配当・
　　配当金を差し引くことになります。この残額が利益剰余金として留保
　　されるので、この残額を「内部留保」としました。

　上記①から⑤の合算や組み替えを行い、付加価値の分配率を計算すると
図表6-9の通りとなります。

❷ 組み替えた付加価値分析表から何がわかる？

　①役員報酬は、実額でも、分配率でも、下がっています。

　②人件費の分配率は下がっています。労働者数は増えたので、人件費総
　　額は増えました。

　③支払利息、金融費用の負担は額で3分の1になり、分配率が大幅に下
　　がりました。金融機関の取り分が減っています。

④賃借料は、分配率がわずかに下がりましたが、あまり変わりませんでした。

⑤税負担額、つまり政府、自治体への分配率は、0.9%減りました。

⑥配当金は、4兆1,800億円から20兆800億円に、5倍近く増加しました。分配率は1.5%から6.7%に、飛躍的に上昇しました。支払金利の分配率を上回りました。付加価値の分配先として、金融機関に支払う金利よりも、株主に分配する配当金のほうが大きくなりました。

⑦内部留保は、マイナスからプラス4.8%に転じました。内部留保への分配率は大きくなりましたが、配当への分配が上回りました。

⑧資金調達先別に見ると、配当金、内部留保、支払利息の順に分配率が高くなりました。本書の冒頭で述べた「株主主権論」が裏付けられているといえます。

※なお配当金の分配が内部留保よりも大きく見えるのは、付加価値の計算に主として受取配当金、受取利益からなる営業外収益30兆円（2016年度）が加算されないからです。

3 資本金10億円以上の法人の分配率の変化を見る

資本金規模別で、分配に様子は異なっているので、資本金10億円以上の大企業グループの様子を見てみましょう（図表6-10）。

①役員報酬への分配率は、全体が11.1%から8.7%への低下でしたが、大企業は1.1%から0.9%への低下でした。役員1人当たりの報酬額は大企業のほうが大きいのですが、労働者数に対する役員数の割合が小企業の方が大きいので、小企業では役員報酬額の占める割合が高くなります。

②人件費は、実額で減少しました。労働分配率は、全体では3.2%の低下でしたが、大企業では8.4%もの低下でした。

③支払利息、金融費用の負担は、全体と同様に、実額が激減し、分配率が大幅に下がりました。

	1996年度			2016年度	
	総額(億円)	分配率		総額(億円)	分配率
①役員報酬等	9,691	1.1%		8,625	0.9%
②従業員人件費	532,233	61.2%		508,245	52.8%
③支払利息等	71,772	8.3%		25,334	2.6%
④賃借料	82,776	9.5%		87,175	9.1%
⑤税負担額	124,009	14.3%		126,326	13.1%
⑥配当金	30,207	3.5%		154,977	16.1%
⑦内部留保	18,598	2.1%		51,707	5.4%
付加価値合計	869,286	100.0%		962,388	100.0%

④賃借料は、分配率がわずかに下がりましたが、あまり変わりませんでした。これも全体と同様です。

⑤税負担額の付加価値に占める分配率は、全体よりも大きくなっています。しかし分配率は、1.2%下がりました。

⑥配当金は、3.5%から16.1%に、12.6%も分配率を高めました。全体の配当金が20兆800億円、このうち大企業は15兆5,000億円ですから、4分の3を占めています。配当を増やしてきた中心は大企業です。

⑦内部留保への分配率は、1996年度は2.1%でした。それが5.4%になりました。内部留保積み増し分は、5兆1,700億円です。

⑧配当金への分配率は、支払金利だけでなく、税負担額をも超えて、人件費に次ぐ分配先になりました。

付加価値は、労働によって付け加えられる価値です。この20年間に、付加価値を生み出している労働者への分配率は、下がっています。たとえば大企業では、8.4%も下がっています。人件費だけでなく、支払利息、税負担額も分配率を下げています。下がった分配率の代わりに、比重を高めているのが配当金です。残りは内部留保に回ります。

内部留保が増えて、賃金が減っている、これが内部留保の分析の重要な側面でした (98～100ページ)。しかしここでは付加価値の分配について、営業純益で終わりにせずに、配当金への分配にまで広げ、その残額を内部留保の積み増しとするので配当金への分配が際立つことになります。

Part 7

上場企業の
分析には
投資家の目線が
必要

Section 1
//////////

投資家が重視する
キャッシュフロー計算書

① キャッシュフロー計算書の 簡単な見方について

　キャッシュフロー計算書は、貸借対照表と損益計算書に続く第3の計算書です。連結財務諸表を提出している上場会社等だけが、キャッシュフロー計算書を作成する義務があります。投資家が重視する計算書です。

　損益計算書は、発生主義といって、直接、お金の動きに基づいて、利益を計算しているわけではないため、お金の流れがわかりません。深刻な会計不正があるたびに、会計の判断が入る余地がないとされるキャッシュ（現金と3ヵ月以内に現金になる金融資産）の動きを示すキャッシュフロー計算書がますます重視されるようになってきました。もう1つ、キャッシュフロー計算書は、会計測定のなかで重要性を増しているDCF法（キャッシュフロー現在割引法）（155ページ〜）にも役にたちます。

　キャッシュフロー計算書は、3つの部分からなっています（図表7-1）。営業活動によるキャッシュフロー（営業キャッシュフロー）、投資活動によるキャッシュフロー（投資キャッシュフロー）、財務活動によるキャッシュフロー（財務キャッシュフロー）です。営業キャッシュフローは本業、事業、商売からのキャッシュの出入りです。投資キャッシュは、設備投資や有価証券投資、出資の増減です。財務キャッシュは、負債や増資などでの資金調達や配当、自

営業活動によるキャッシュフロー	500
投資活動によるキャッシュフロー	△300
(引き算) フリーキャッシュフロー	200
財務活動によるキャッシュフロー	△150
当年度現金及び現金等価物の増減額	50
前年度繰越現金及び現金等価物額	1,500
当年度現金及び現金等価物の増減額	50
次年度繰越現金及び現金等価物額	1,550

社株買いなど、財務活動のお金の出入りです。

　本業でキャッシュを500獲得して、投資に300使った。ここまでで、今年度はあまりが200あった。この営業キャッシュフローと投資キャッシュフローの差額をフリーキャッシュフロー (FCF) といいます。FCFを使って、借入を返すか、配当を払うか、自社株を買うか、これを決めるのが財務方針ということです。

　FCFは、155ページ以下に出てくるキャッシュフロー割引現在価値 (DCF) の考え方にも出てきます。

　キャッシュフロー計算書の基本的な仕組みがわかるだけでも、このような見方ができます。以下の、面倒なことを学ばなくても、「使える見方」です。あとでまた事例で紹介します (146ページ)。

2　営業キャッシュフローの2通りの作り方

　キャッシュフロー計算書のわかりにくさは、ほとんどの会社が、営業キャッシュフローを間接法という方法で算定していることにあります。

　しかし、営業キャッシュフローを計算する方法には、以下にあげる2通りの方法があります。

❶ 直接法

　直接法は、営業活動に関わる収入である営業収入と支出である営業支出を載せて、差額を表示します。

収入	
売上収入	1,000
手数料収入	20
地代収入	10
利息配当収入	30
営業収入合計	1,060
営業キャッシュフロー	130

支出	
原料購入支出	300
経費支出	250
人件費支出	200
利息支出	60
税金支払額	120
営業支出合計	930

　直接法は、普通の収支計算です。私立大学の資金収支計算書も国立大学のキャッシュフロー計算書も直接法です。

❷ 間接法

　わが国企業のキャッシュフロー計算書は、ほとんどが間接法を用いて、営業キャッシュフローを計算しています。間接法は当期純利益から出発して、営業キャッシュフローを算出します。損益計算書を加工して作成すればいいので、企業の側は簡便であるというメリットがあります。しかし分析する側の理解しにくさは否めません。

　当期純利益は、損益計算書に収益と費用を集めて、計算します。当期純利益から、どうすれば営業キャッシュフローが計算できるのでしょうか。おおまかにいうと、次の計算をすることになります。

　ⓐ発生しているが支出を伴わない費用を加算します。

　ⓑ利息や配当金等について発生額を戻し入れて、収支額を新たに計上します。

　ⓒ営業キャッシュフローに属さない収益、費用は、投資キャッシュフ

ローに登場するので、差し引きます。

ⓓ売上高、売上原価等を当期売上収入、当期仕入支出という収支ベースに戻します。これが運転資金の増減といわれるところです。下記の別枠に入れておきました。

ⓔ売上、仕入れ以外の未払い、前払い、未収、前受けを収支ベースに戻します。

ⓕその他、決算書項目から拾えない金額を計上します。多額となる場合もあります。

ⓖ出発点となる利益が税金等調整前当期純利益なので、支払い税額を計上します。

売上高を売上収入に、売上原価を仕入支出に変える計算

① 当期売上収入 ＝ 期首売上債権 ＋ 売上高 － 期末売上債権
　　　　　　　　＝ 売上高 － 売上債権増加額

　CF計算書は、損益計算書の税金等調整前当期純利益を出発点としており、売上高は算入されています。そこで売上債権増加額をマイナスすれば、当期売上収入が計算されます。

② 当期仕入支出 ＝ 期首買入債務 ＋ 仕入高 － 期末買入債務
　　　　　　　　＝ 仕入高 － 買入債務増加額
　　　　仕入高 ＝ 期首棚卸高 ＋ 売上原価 － 期末棚卸高
　　　　　　　　＝ 売上原価 ＋ 棚卸高増加額

　つまり

当期仕入支出 ＝ 売上原価 ＋ 棚卸高増加額 － 買入債務増加額

　CF計算書は、損益計算書の税金等調整前当期純利益を出発点として

おり、売上原価は算入されています。そこで棚卸高増加額をプラスして、買入債務増加額をマイナスすれば、当期仕入支出が計算されます。

3 サントリーの間接法による 営業キャッシュフローを読む

サントリーの営業キャッシュフローを読んでみましょう。

税金を払う前の利益が2,323億円、未支出の費用が1,027億円、利息・配当金の調整が33億円、投資活動に関わるので除外した金額が79億円、棚卸資産投資純増が141億円、債権の回収が14億円、その他支出が63億円、法人税の支払いが611億円でした。

こうした計算過程を経て、営業キャッシュフローは2,504億円です。損益計算書の税引前当期利益より180億円プラスになっています。このように未支出の費用である減価償却費、減損1,027億円を戻しいれることの影響は大きいので、法人税の支払いを引き算しても、プラスになっています。

税引前当期純利益よりも営業キャッシュフローのほうが大きくなることが一般的です。

4 キャッシュフロー計算書の全体はどう見る?

❶ キャッシュフロー計算書を分析してみる

サントリー、正式にはサントリーホールディングス株式会社は、キリンホールディングス、アサヒグループホールディングスとならぶ、大飲料メーカーです。サントリーホールディングスは上場していませんが、社債を発行しているので、有価証券報告書を金融庁に提出しています。2018年度決算で、売上高は2兆2,508億円、最終当期利益1,814億円です。

営業キャッシュフローから毎年、2,500億円を超える収入があります。たいへん安定しています。2016年度624億円、2017年度800億円、2018年度1,042億円と投資の規模は増大していますが、それでも営業キャッシュフ

図表7-2　サントリーホールディングスの営業キャッシュフロー（2018年12月）

（単位：百万円）

税引前利益	232,347
a. 減価償却費及び償却費	98,417
a. 減損損失及び減損損失戻入	4,318
b. 受取利息及び受取配当金	△2,435
b. 支払利息	22,970
c. 持分法による投資損益	△7,916
d. 棚卸資産の増減額	△14,118
dとe 営業債権及びその他の債権の増減額	△9,990
dとe 営業債務及びその他の債務の増減額	11,409
f. その他	△6,327
小計	328,676
b. 利息及び配当金の受取額	6,988
b. 利息の支払額	△24,217
g. 法人所得税の支払額	△61,061
営業活動によるキャッシュフロー	250,384

図表7-3　サントリーホールディングスの業績

（単位：百万円）

	2016年12月	2017年12月	2018年12月
売上収益（酒税控除後）	2,101,598	2,157,531	2,250,782
税引前利益	223,837	226,890	232,347
当期利益	222,812	251,846	181,387

ローの半額もありません。毎年、巨額なフリーキャッシュフロー（FCF）が
生まれています。ところが財務キャッシュフローの支出超過は、2016年度
877億円、2017年度1,720億円、2018年度2,329億円と毎年増えています。
その結果、キャッシュの手持ち残高は、減っています。

図表7-4　サントリーホールディングスのキャッシュフロー			
			（単位：百万円）
	2016年12月	2017年12月	2018年12月
営業キャッシュフロー	252,606	261,703	250,384
投資キャッシュフロー	△62,371	△80,049	△104,196
フリーキャッシュフロー	190,235	181,654	146,188
財務キャッシュフロー	△87,721	△172,042	△232,938
現金及び現金同等物の期末残高	352,519	359,518	272,425

2 投資キャッシュフローの内訳を見る

　サントリーホールディングスの2018年度の投資キャッシュフロー1,042億円の支出超過の主な内訳は、以下の通りです。

有形固定資産・無形資産の取得	△1,108億円
子会社株式の取得	△269億円
子会社株式の売却	242億円

　投資活動では、メーカーとしての有形固定資産や無形資産の取得の割合が高いことが特徴です。子会社投資については、撤退、再編を行っていることがわかります。

3 財務キャッシュフローの内訳を見る

　サントリーホールディングスの2018年度の財務キャッシュフロー2,330億円の支出超過の主な内容は、以下の通りです。

長期借入金の増加・社債の発行	1,129億円
長期借入金の返済・社債の償還	△3,111億円
リース債務の返済	△100億円
配当金の支払い	△89億円
非支配持分への配当金の支払い	△164億円

純額2,080億円のリース・長期借入金・社債の返済、これが主たる内容です。サントリーホールディングス自体は、非上場会社なので、株式市場よりも債券市場や金融機関からの借入に依拠しています。非支配持分への配当金の支払いは、上場している子会社サントリー食品インターナショナルなどの株主に対する配当です。

　サントリーは、株価上昇を意識する必要がないので、自社株買いもしていません。参考までに、2018年度、アサヒグループホールディングスは、2億5,000万円、キリンホールディングスは、1,000億円の自社株買いをそれぞれ行っています。

Section 2

投資家情報満載の 『会社四季報』は便利

　『会社四季報』（東洋経済新報社）、『会社情報』（日本経済新聞社）（以下、四季報と総称）は、投資家が売買する株式の銘柄を決めるうえで、判断材料を提供してくれます。ここで四季報が提供してくれる情報のいくつかを紹介します。

　グローバル金融資本主義といわれる現代において、企業は株価によって評価されているという側面があります。株価時価総額は、企業の価値を示すという考え方が影響力を持っています。TOBによる企業買収では、株価を基準として、M&Aが行われています。政府や日銀は、異次元金融緩和政策として、株式を購入し、株価を買い支えています。国民全体の利益を代表するべき最大のパブリックセクターが、株主となり、株式市場への依存を強めています。

　こうした状況のなかで、投資家目線から見ると、企業は、どのようにとらえられているのか、このことを知ることも、重要なことになってきています。投資家の投資意思決定に役立つという目的で編集されている四季報は、多くの企業を網羅した、安価でハンディな情報源です。株に縁のない人にとっても、身近な情報源として活用できます。ここでは株価を使った指標と主要株主リストを取り上げます。

1 投資家のための株価指標

　貸借対照表と損益計算書、キャッシュフロー計算書の分析は、特に投資家のためだけの分析はありません。ただ投資家は株価に注目しているので、株価と決算書の数値を結びつける比率が使われています。

　代表的な比率を示します。

$$1株当たり当期利益（EPS）= \frac{予想当期純利益}{発行済株式数}$$

$$純資産時価簿価倍率（PBR）= \frac{株式時価総額}{純資産簿価}$$

$$株価株価収益率（PER）= \frac{株価}{一株当たり当期利益}$$

　EPSを計算する際の利益は、予想額を使うとされています。PBRは、1を割ると、株主は上場している意味がないので、清算して財産を分けた方がいいといわれています。現実は、1を割っている企業は、結構多いですが、それを理由に清算をした会社があるわけではありません。

　PERは、20〜25くらいが平均的です。投資家は、現在の株価が割高か割安かに注目します。一般的には、割安の株を探しますが、「売りから入る」ならば、割高の株を買って、下がったときに売り抜けることを狙います。

　新しい指標として、TSRが注目されています。トータル・シェアホルダー・リターンです。2019年3月期以降の有価証券報告書から、直近5年間の推移の開示が求められるようになりました。四季報は、上場企業を対象に、5年間のTSRを年利回りで算出しています。上場企業のTSRの平均値は9.63%です。ここでは複利での年平均利回りとしています。

$$TSR = \frac{5年間の配当額累計 ＋ 直近決済期末株価}{5年前の決済期末株価}$$

TSRの算式では、株価騰落率と配当利回りは、内訳となっています。上場企業の平均値は、株価騰落率は7.64%、配当利回りは2.59%です。株主にとって配当よりも値上がりを期待する市場となっていることがわかります。合計がTSRに一致しないのは、それぞれを複利に計算するためです。

2 明治、森永、雪印の株価指標比べ

乳業3社の、過去5年間の業績を図表7-5に示しました。営業利益の伸びと株価を含めた指標が、連動しています。

しかしたとえば営業利益の伸びが6.46%、TSRが5.52%のカルビーや、営業利益の伸びが7.44%、TSRが8.88%のヤクルト本社のPER、PBRは、以下の通り（図表7-6）、乳業3社を上回っています。この2社の相対的な株価の高さをうまく説明することは、難しいことです。

そこで、比率からうまく（何となく）株価水準、割高感、割安感を説明することができるときもありますが、理解できない場合も多いので、「比率を活用すれば、株価の動きを予測できるか」と聞かれれば、「できない」と即答します。

3 株主構成の変化

株主主権論については、すでに取り上げました（3〜4ページ）。株主主権論が跋扈するようになった原因は、2つありました。そのうちの1つ、海外投資家の影響力が増しているといわれています。こうしたの大きな変化を『会社四季報』の株主構成の変化から調べてみましょう。

わが国の企業を代表するといわれているパナソニックとトヨタ自動車の30年前と現在の株主構成の変化を見てみましょう。

国内の銀行の持ち株が減って、カストディアンと呼ばれる資金管理会社が、国内、海外を問わず株主として登場したことがわかります。しかし両社ともトップは、三菱系の年金運用機関（カストディアン）、続いて自社株

	森永乳業	明治ホールディング	雪印メグミルク
実績PER			
高値平均	17.8	24.4	19.5
安値平均	10.9	18.2	14.1
PBR	1.18	2.1	0.89
株価	4,000円 (5/30)	7,650円 (5/30)	2,175円 (5/30)
5年比較			
営業益の伸び	13.26	21.94	8.92
TSR	19.08	23.92	16.38
配当利回り	2.52	3.01	2.54
株価騰落率	17.73	22.53	14.89

（出所）『会社四季報』2019年3集。

図表7-6　食品2社の株価指標

	カルビー	ヤクルト本社
実績PER		
高値平均	33.1	41.5
安値平均	23.4	28.6
PBR	2.69	2.77

（出所）『会社四季報』2019年3集。

です。三井系の日本マスター、日本生命も上位です。パナソニックは、従業員持株会が上位に登場し、トヨタでは、30年前よりも、トヨタ自動織機の割合が高まっています。優良子会社で上場しているデンソーも入っています。

　パナソニックにしろ、トヨタにしろ、海外投資家の割合が高まっていますが、発言力を強めることを危惧しています。安定株主である従業員持株会や関係会社の持ち株を確保しています。

図表7-7　松下電器産業　パナソニック

	1986年	持株比率		2016年	持株比率
1	住友銀行	4.6	1	日本トラスティ信託口	6.1
2	住友生命保険	4.6	2	自社（自己株口）	5.3
3	日本生命保険	4.1	3	日本マスター信託口	5
4	松下興業	3.8	4	ステート・ストリート・バンク＆トラスト	3.4
5	松下幸之助	2.7	5	日本生命保険	2.8
6	住友信託銀行	2.2	6	自社従業員持株会	1.7
7	三菱信託銀行	2.1	7	住友生命保険	1.5
8	協和銀行	2	8	バンク・オブ・ニューヨーク・メロンSANV10	1.4
9	住友海上火災保険	1.9	9	日本トラスティ信託口7	1.2
10	モスクレイ＆Co.	1.7	10	SSB・WT505234	1.2

図表7-8　トヨタ自動車

	1986年	持株比率		2016年	持株比率
1	三和銀行	4.9	1	日本トラスティ信託口	10.9
2	東海銀行	4.9	2	自社（自己株口）	9.8
3	三井銀行	4.9	3	豊田自動織機製作所	6.6
4	豊田自動織機製作所	4.4	4	日本マスター信託口	4.5
5	日本生命保険	3.7	5	日本生命保険	3.5
6	日本長期信用銀行	3.2	6	ステート・ストリート・バンク＆トラスト	3.1
7	大正海上火災保険	2.5	7	デンソー	2.5
8	大和銀行	2.4	8	JPモルガン・チェース・バンク	2
9	第一生命保険	2.2	9	資産管理サービス信	1.8
10	三井生命保険	2.2	10	三井住友海上火災	1.8

Section 3

企業全体に値段をつける「企業評価」

　ここでは貸借対照表、損益計算書、キャッシュフロー計算書を利用して、企業全体の価値を計算する方法について、学びます。増大するM&Aに際して、企業価値、株主価値を計算する方法です。企業価値は負債も含んだ企業全体の価値です。企業価値から負債価値を引き算すると、株主価値になります。

企業価値	負債価値
	株主価値

企業価値 − 負債価値 ＝ 株主価値

　株主価値を発行済み株式数で割ると、1株当たりの株式の価値、つまり株価が算定されることになります。ただし計算された株価はあくまで理屈の上でのものです。

株主価値 ÷ 発行済み株式数 ＝ 1株の価値

　上場している会社は、市場で株価がつけられています。市場の株価に発行済み株式数をかけた金額が、株価時価総額です。単に時価総額ともいいます。

市場株価 × 発行済み株式数 ＝ 株価時価総額

　上場している会社の価値を算定するにあたっては、市場の株価、時価総額の占める比重が高くなります。目の前の株価時価総額は、TOBやMBOで株式買い取りを行うときに参考になります。

　企業価値から計算される株価と、目の前の市場の株価が大きく異なる場合もあります。そのときは、理由をあれこれ考えることになりますが、「現実に成立する株価が正解」としかいいようがありません。

1 企業評価の方法

　上場していない会社の評価では、市場の株価（時価）を使えません。上場会社でも、変化する株価を評価にどう活用するか、割高、割安の検証には、企業の実態をふまえる必要があります。そこで、上場・非上場を問わず、企業評価をする必要があります。企業全体の価値を評価するには、まず財産の調査、収益力の調査、研究開発力や営業力といった労働者集団の調査など全般的な調査（デューデリジェンスといいます）を行いますが、これらをまとめていくアプローチ、参考データの使い方には次の考え方があります。
　①純資産アプローチ
　②類似上場会社比較アプローチ
　③取引事例アプローチ
　④インカムアプローチ

■ 純資産アプローチ

　デューデリジェンスをもとにして、貸借対照表の資産と負債を時価評価します。その差額、時価純資産を企業の値段（株主価値）にします。このアプローチの問題点としては、貸借対照表には示されない将来の超過収益力が評価できない点にあるとされます。超過収益力がない場合には、時価純資産額は、企業評価額の上限となります。

2 類似上場会社比較アプローチ

　非上場会社を評価するとき、上場している同業他社の純資産、売上高、利益などと比較して、倍率を出して、評価するアプローチです。たとえば、類似している企業の株価時価総額が6,000、純利益が300で、評価対象の純利益が200のとき、評価対象の評価は、4,000となります。上場株式と非上場株式とを比較するので、非流動性割引をする必要があります。40%割引くのであれば、2,400になります。

　このアプローチの最大の問題は、類似している上場企業を見つけることが難しいということです。

3 取引事例アプローチ

　過去に同一の企業で、あるいは比較可能な同種の企業で行われた、株式の売買の事例を用いて、株価を決めます。適当な事例があることはまれです。

4 インカムアプローチ

　将来生じるであろうインカムから企業の価値、株式の価値を計算します。次に述べるDCF法でよく説明されますが、自己資本額をもとにして期待ROEとの超過分を加算していく超過利益法も使い勝手のよい方法です。

2 キャッシュフローの割引現在価値 (DCF) の考え方

　ここではDCF法を簡単に説明します。DCF法は、企業評価、株価評価だけではなく、減損会計やリース債務・退職給付債務・資産除去債務の測定という会計測定の世界にも、入ってきています。

　決算書は、とかく個々の資産、負債、純資産、利益の金額に注目してしまいます。インカムアプローチであるDCF法の考え方は、将来に向かって、投資された財、事業、企業全体をどう見るかというときに、重要になってくる考え方です。

たとえば2つの不動産A、Bがあるとします。Aは、500万円で買いました。Bは800万円で買いました。それぞれ買ってから、30年経っています。AもBも、家賃収入は年間200万円です。買ったときの値段はBのほうが高価ですが、家賃収入が同じであれば、価値は同じと考えるべきです。不動産の価値は、買ったときの値段ではなく、入ってくる現金収入で判断します。

　不動産を買おうか、上場株を買おうか、未公開株を買おうか、決めたい人がいるとします。しかし不動産、上場株式、未公開株では、それぞれリスク（不確実性）が違います。単にいくらの運用益（現金収入）を上げられるかだけでなく、リスクに見合った利回りを求めて、何に投資するかを考えますよね。

　ある資産や（資産の集合体である）企業の評価をするときは、それがいくらの現金収入（キャッシュ）を上げるのか、そしてリスクに見合うどれほどの利回りを期待するのかによって、評価するのです。ハイリスク・ハイリターン、ローリスク・ローリターンです。

3 DCF法による企業評価の仕方

　DCF法では、企業価値を、キャッシュフローを生み出す事業価値とキャッシュフローを生み出さない遊休資産とに分けます。そして事業価値を算定して、これに遊休資産を加算して、企業価値を計算するのです。

遊休資産 ＋ 事業価値	負債価値
	株主価値

企業価値

事業価値 ＝ FCF の現在割引価値
事業価値 ＋ 遊休資産 ＝ 企業価値
企業価値 － 負債価値 ＝ 株主資本価値

まず負債も株主資本も、同じ出資と見て、生み出すキャッシュ（FCF）を予測します。生み出すフリーキャッシュの計算は、以下の通りです。

営業利益 ＋ 減価償却費 ＋ 運転資本増減 － 設備投資

キャッシュフロー計算書でいう「フリーキャッシュフロー」に近いものです。ここでの営業利益は、営業利益に (1－税率) をかけたものを使います。NOPAT（Net Operating Profit After Taxes）と呼ばれています。

計算されたフリーキャッシュフローを将来にわたって予測して、現在価値に割り引きます。割引率は、その企業に期待される利回りです。負債については金利、株主資本については資本コストです。資本コストを決めるには、資本資産価格モデル（CAPM）というリスクのない国債利回りと類似業種の過去の株価変動を考慮するモデルがよく使われます。負債と株主資本の割合を考慮して割引率 (加重平均資本コスト：WACC) を決め、予測した将来のフリーキャッシュフローを割り引きます。

割引率が5%、フリーキャッシュフローが毎年30で、1%ずつ増えていくならば、事業価値は、

$$\frac{30}{(1+0.05)} + \frac{30\times(1+0.01)}{(1+0.05)^2} + \frac{30\times(1+0.01)^2}{(1+0.05)^3} + \frac{30\times(1+0.01)^3}{(1+0.05)^4} \cdots\cdots$$

です。

この計算結果は、$30 \div (0.05 - 0.01) = 750$ です。現実は、もちろん複雑ですが、基本的にはこうしたものです。750の事業価値に遊休資産10あればこれを加算した760が企業価値です。ここから負債価値が150であればこれを引き算すると株主資本価値は610です。

4 DCF法には「恣意性」という問題がある

DCF法が恣意的であるという批判は妥当です。すべてが予測だからです。前述の例では、30というフリーキャッシュフローの算定、毎年1%増え続

けるという予想、それから割引率5%、いずれも広範な任意性（ボラティリティ）があります。その結果、株主資本価値は、610ではなく、300にも5,000にもなりえます。オリンパスの粉飾決算事件（165ページ）がそのことを示しています。

　避ける方法としては、DCF法を使ってもいい場合とよくない場合とに区別することや他の方法、アプローチによって検証することが必要です。

　使ってもいい例としては、企業評価が第三者との関係で行われている場合です。一方が安く買おうとし、一方が高く売ろうという場合には、それぞれが同じDCF法を使っていても、相違する計算結果がでてきますが、交渉が成立すれば、計算結果が合意されたということになります。

　問題のある状況としては、粉飾決算の手段となりうることです。「盛ってしまう」ことができるDCF法には、要注意です。決算書を公表する過程には、公認会計士監査が入るので、公認会計士が誠実に独立監査人としての責務を全うすれば、DCF法による評価が大きく外れることは回避できるでしょう。

　DCF法による粉飾を見破る第一歩は、純資産額との兼ね合いです。会社四季報のところで見たように、株価時価総額と簿価純資産との倍率をみる優良大手乳業メーカーのPBRは、1前後です。2を超えている食品2社は、利益に対しても株価は割高です。何らかの理由で株価が高すぎると見るべきです。

　簿価純資産は、資産・負債アプローチのもとで、資産の時価評価が進んできているので、チェックするには有効です。DCF法で算定された株主資本の価値と簿価純資産との倍率PBRが2未満か否かは、DCF法による過大評価をチェックするうえで有効です。

　DCF法は、理屈のうえでは理解できる算定方式です。しかし誰が何のために、DCF法を使った評価しているのか、客観性が担保できるのか、を検討する必要があります。

Section 4

DCF法を悪用した
オリンパス不正会計事件

　一般に、不正会計とは、損失が出ているのに、利益があるように見せる粉飾決算のことです。事例として上場会社オリンパスの不正会計事件を取り上げます。オリンパスの不正会計事件は、粉飾の方法がグローバルであるとともに、DCF法を用いるなど、巧妙でした。

1　オリンパス事件の経緯

　オリンパスは精密機器（内視鏡や顕微鏡、カメラ）の製造を行う会社であり、消化器等の内視鏡の世界シェアは7割を誇っています。不正会計が発覚した時期である2012年3月期で売上高（連結）は8,485億円、総資産（連結）は9,665億円、従業員数（連結）は34,112人という規模でした。このような日本有数の大企業が20年以上にわたり損失を隠し続け、損失は不正会計の過程で1,300億円にまで膨らんでいたのです。

　不正発覚当時、イギリス人のマイケル・ウッドフォード氏がオリンパスの社長を務めていました。ウッドフォード氏はオリンパスが行った不透明なM&Aについて、旧来からの経営陣による不正があったのではないかと問い正していましたが、2011年10月に社長職から解任されてしまいました。こうした経営者間の動向が証券市場でのオリンパスに対する疑念を深めることになり、解任から1ヵ月後には株価が6分の1ほどに下落しました。オ

リンパスの株主らの要請を受けて、弁護士・会計士らによる「第三者委員会」が設置されることとなり、この委員会の調査により不正の全容が明らかとされました。

報告書によれば、オリンパスは1985年の「プラザ合意」による円高により、主力事業であったカメラの輸出が不調となり、営業利益が半減しました。同時期に日本国内はバブル景気に沸いており、値上がりを狙った土地や株式等への投機がさかんになっていました。オリンパスも株式やデリバティブに投機を行い、本業での減収を取り戻そうとしました。

ところが1990年には株式市場のバブルは崩壊し、オリンパスは巨額の株式含み損を抱えることになりました。当時の会計基準では売買目的の株式でも時価評価は徹底されておらず、証券会社の特定金銭信託を通した株式保有では株式売買を継続しながら損失を表面化させずにすみました。こうした会計基準のもとで、オリンパスは損失を取り戻すため、その後も株式や複雑な金融商品へさらなる投資を続けましたが、損失は雪だるま式に増えて行きました。

2001年3月に「金融商品に関する会計基準」が導入され、株式やデリバティブは、時価評価されることになりました。オリンパスはこの時点で950億円に膨らんでいた損失の計上をせまられましたが、経営陣らが選択したのは損失の公表ではなく、複雑なスキームを用いて損失を隠蔽し続けることでした。

2 ファンドを使って含み損を海外へ飛ばし

金融商品に関する会計基準が適用された2001年3月期決算では、損益計算書に「金融資産整理損」170億円が計上されましたが、すでに1,000億円に近づいていた損失のごく一部にすぎませんでした。オリンパスは、含み損を抱えた金融資産を貸借対照表に載せずにすむ不正会計を行っていきました。その手段の概略は、以下の通りです。

まず海外のファンドにそうした金融商品を帳簿価格(つまり、含み損も含め

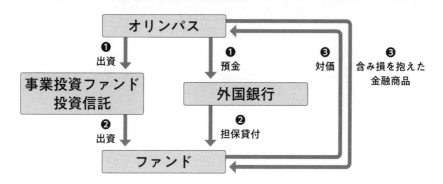

図表7-9　損失の飛ばしスキーム

（オリンパス）

❶ 出資

❶ 預金

❸ 対価

❸ 含み損を抱えた金融商品

事業投資ファンド 投資信託

外国銀行

❷ 出資

❷ 担保貸付

ファンド

た価格）のままで購入してもらいます。もちろん、大きく値下がりした金融商品を高値で買ってくれるファンドなどいるはずがありません。もともとそれらのファンドは、オリンパスが設立したファンドで、その資金はオリンパスが用意しました。その手法を示すと、図表7-9のようになります。

①まず、国内やケイマン諸島のファンドに出資をする、あるいはリヒテンシュタインやシンガポールの銀行に預金を預けました。こうすることでオリンパスから社外へお金を出ていきますが、これらは表向きは「余裕資金の運用のため」と説明されており、投資有価証券や預金が計上されます。

②その後、ファンドはまた別の、損失の受け皿となるファンドに出資を行い、外国銀行もオリンパスから受け入れた預金を担保に受け皿ファンドに貸付を行います。こうして約1,000億円の資金が受け皿ファンドにわたります。

③その資金で受け皿ファンドがオリンパスから含み損のある金融商品を帳簿価格で購入したのです。

これらの結果、損失の大部分は損益計算書に計上されず、貸借対照表の有価証券や短期特定金融資産といった項目が投資有価証券、出資金、現金及び預金に置き換わるだけでした。

外部の公認会計士等に損失隠しが発覚するのを防ぐため、無数のファン

ドをトンネルにしてスキームを複雑にし、ファンド・マネージャーや外国銀行の担当者には資金の運用先等について虚偽の報告をさせていました。また不正に利用されたケイマン諸島、リヒテンシュタイン、シンガポールといった国々はタックス・ヘイブン（租税回避地）でした。タックス・ヘイブンは、海外の捜査当局等に対しても顧客の情報を秘匿するので、脱税やマネー・ロンダリングの温床となっていたのです。

3 M&Aを偽装 ──損失処理を狙う2つの手法

　このように、オリンパスは巨額の損失を社外のファンドに移転させ、損失の計上をとりあえずは逃れたのでした。しかし、社外に移転させたところで損失がなくなるわけでもなく、オリンパスの貸借対照表には資産（外国銀行預金やファンドへの出資金）が水増しされて計上されていることになります。さらに、このスキームを通じてファンド・マネージャーらへの多額な報酬、発生し続ける支払利息、移転後も続けた金融投機の失敗等により損失は約1,200億円に膨らんでいました。損失を隠すために多大なコストがかかったのです。

　そこでオリンパスは、ファンドへ再度資金を流し、その資金で損失の受け皿ファンドが、外国銀行からの借入金の返済し、また投資ファンドからの出資の償還ができるようにしました。こうして損失を解消するために1,350億円以上もの資金が流出していきました。

　その手法には、2種類ありました。1つ目は、オリンパスが買収を行って、アドバイザーに巨額の手数料を支払ったことにして、その資金をファンドに還流する手法でした。たとえばイギリスの医療機器メーカーの買収対価約2,063億円の案件に対して、約657億円もの手数料がアドバイザーに支払われ、損失の受け皿ファンドへ資金が流れていきました。

　2つ目は、オリンパスが、外部のファンドが持つ国内ベンチャー企業3社の株式を、M&Aを偽装して、実態から離れた著しく高額な対価を支払っ

て購入することで、ファンドに多額の資金を流出させる手法でした。こちらの手法は巧妙で、会計操作ともいえるものでした。

4 DCF法を悪用して過大な企業評価

ここでは2つ目の手法を紹介をすることにします。

投資ファンドが探してきた規模も小さく収益力も低い会社に対して、オリンパスがつけた法外に高い買い取り価格を正当化するために悪用されたのが、DCF法による企業評価です。財政状態を見ると、3社のベンチャー企業のうち1社は11億3,200万円の債務超過、残り2社も純資産額がそれぞれ12億6,000万円、27億8,000万円でした。また経営成績を見ても3社のうち2社は当期純損失（赤字）を計上している状態でした。こうした企業の買収に対して700億円以上の対価が払われました。

オリンパスは、企業評価にあたって、外部の会計専門家に依頼して事業予測を作成させ、そこでは実態からかけ離れた高成長が描かれていました。たとえば買収企業の1つであるA社は買収時の実績値で売上高6億3,100万円、5億円の当期純損失を出していましたが、わずか4年で売上高は193億7,500万円に、当期純利益は42億400万円を計上する高収益企業へと急成長する、という予測を立てました（図表7-10）。こうした事業予測に基づき、将来キャッシュフローが見積もられ、それを現在価値に割り引くことで、A社は335億4,700万円〜469億6,200万円もの企業価値を持つものと計算されました。

もちろん、そのような急成長が起こるわけがありません。外部の専門家による報告書の作成のベースはオリンパス側が提供した事業計画が用いられており、ただその数値を追認するものでした。この報告書が取締役会や公認会計士の外部監査に対して、不当に高額な買収対価を支払うことを正当化するために利用されました。

このようにして、ファンドへ約1,350億円の資金が損失の処理のためにオリンパスから流出しました。

図表7-10　事業予測（「株主価値算定書」）に基づくＡ社の事業計画

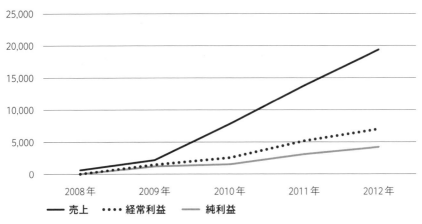

（出所）オリンパス株式会社第三者委員会「調査報告書」41ページより作成。

5 のれんの償却問題 ——不正会計の後始末

　買収が行われたあとには、買収を行った側の企業の連結貸借対照表に「のれん」が計上されることになります。のれんとは、企業のM&Aに際して、買取価額が時価評価された純資産額を上回った場合の差額です。ベンチャー企業の買収に関しては、3社合算すると債務超過、つまり純資産（簿価）がマイナスの会社に700億円以上もの対価を支払ったため、2008年3月期にはそれに関して543億円ののれんが計上されました。また前述のイギリスの医療機器メーカーの買収についても、1,683億円ののれんが計上されました。このうち約650億円が受け皿ファンドへの資金流出のためのアドバイザー手数料の分でした。

　日本の会計基準ではのれんは最長で20年かけて償却（資産を減じて費用にすること）することとなっています。のれんは買収企業の「超過収益力」を表していると考えるため、固定資産を購入時に資産として計上して、使用するにつれ毎期の費用として配分していくのと同じように処理するのです。

M&Aを悪用した不正会計により、支出をのれんとして資産に計上し、その後、巨額の損失を、毎年「のれん償却」として少しずつ「スライス」して処理することで表面化をさけようとしたのでしょう。

しかし、その目論見は外れました。2008年3月期にベンチャー企業3社に関して543億円ののれんが計上されましたが、これらベンチャー企業にはそれほどの超過収益力はないのではないかという公認会計士の指摘もあり、翌2009年3月期には48億円にまで一括して減額され、オリンパスの損益計算書に大きな影響を与えました。これがメディアやイギリス人社長、株主らに大きな疑念を抱かせ、不正会計への発覚へとつながっていきました。

6 その後のオリンパス

事件の発覚後、オリンパスは、上場廃止を避けるために訂正した決算書を公表しなければなりませんでした。決算訂正では、オリンパスが実質的に支配していることが判明した15のファンド（損失の受け皿ファンドなど）が、連結対象となりました。ファンドへの出資金や外国銀行への預金は、グループ内での資金の動きでしかなかったことになりましたので、これらに関する資産は相殺消去され、ファンドに移転されていた損失は、利益剰余金の減少という形で反映されました。これにより自己資本比率は約5%にまで急落しました。

翌年の2月には東京地検の調査を経て、不正に関わった役員3名と外部のアドバイザー4名が、金融商品取引法における「有価証券報告書虚偽記載罪」で逮捕され、地裁判決で有罪となりました。またオリンパスも、地裁判決で7億円の罰金が命じられました。海外でも不正の関係者が捜査当局に逮捕されています。民事裁判では、株主らにより株主代表訴訟が提起され、旧来の経営陣も含め16人に対して、約590億円をオリンパスに支払うよう判決が下されました。

この不正会計事件は手口の巧妙さ、不正の期間の長さや金額の巨額さ、つまり損失を隠し続けるためにバブル崩壊当初には数10億円だった損失

を最終的には1,300億円にまで膨らませてしまったことに悪質性があると
いえます。この不正会計には高度な金融知識を持ったアドバイザーが関
わっていましたが、彼らはオリンパスから約150億円もの報酬を得ていた
ことも判明しました。

　オリンパスは財政状態が悪化したものの、本業からのキャッシュ・フ
ローが安定していたため、倒産は免れました。2012年6月にオリンパスは
「中長期計画」による財政再建のため、全従業員の約7%におよぶ2,700人
もの従業員削減、12の工場の閉鎖（製造拠点の4割にのほる）を発表しました。
有価証券報告書によれば2011年3月期には連結で社員34,112人（非正規5,009
人）だったものが、2014年3月期には30,702人（2,978人）となっています。不
正会計は株主だけでなく、従業員や地域社会など多くの利害関係者に、多
大な被害を与えることになったのです。

おわりに

初めて経営分析を学ぶ人たちのために本を書くことを、私は長らく願ってきました。何度も挑戦しては、その都度挫折してきました。その理由は、独力で、広い範囲にわたって、新しいデータと的確な解説を加えることが難しかったからです。今回、田中里美さん、吉沢壮二朗さんという執筆メンバーを迎えて、ようやく完成にこぎつけることができました。お二人は、私が明治大学大学院で指導し、学位を取得した気鋭の研究者です。執筆者の関係は、指導教授と2人の弟子ということになります。忌憚なく議論を重ねることができたことは、読みやすさ、統一性を保つことに大いに役立っていると自負しています。

本書で採用されている基本指標から始まり実額の推移へつなげる展開方法、比率の選択の仕方、内部留保の分析方法、課税のあり方や会計不正の取り上げ方など、骨組みとなっている手法や考え方は、多くの先輩研究者の方々の長年の研究成果に負っています。こうして獲得されてきた方法は、これからも研究者だけでなく、分析を行う多くの市民によって受け継がれていくことになるでしょうし、そのことを切望しています。

執筆を終えるにあたって、恩師である山口孝先生に感謝の気持ちを表明します。山口孝先生は、明治大学で、経営分析論を研究し新しい手法を開発しただけでなく、社会正義の立場に立って、弱者に寄り添いながら裁判の鑑定人をお引き受けになるなど、果敢に挑戦を続けてこられました。不条理な批判に対しては怯むことなく、自らの良心に忠実に、研究や教育に、社会活動に、携わってこられました。

本書は、その背中を追いかけながら、ようやくまとめることができた成果です。私たちは、このささやかな到達点を出発点として、今後も微力ながらも精進していくことをお誓いして、筆を置くことといたします。

執筆者を代表して
野中郁江

171

『編著者紹介』

野中郁江 (のなか・いくえ)

1952年東京都生まれ。東京教育大学文学部史学科卒業、明治大学大学院商学研究科博士後期課程退学。博士 (商学)。現在、明治大学商学部教授。主要著書に『現代会計制度の構図』(2005年、大月書店)、『国有林会計論』(筑波書房、2006年)。

『著者紹介』

田中里美 (たなか・さとみ)

1980年千葉県生まれ。明治大学商学部卒業、明治大学大学院商学研究科博士後期課程修了。博士 (商学)。現在、津市立三重短期大学法経科准教授。主要著書に『会計制度と法人税制——課税の公平から見た会計の役割についての研究』(唯学書房、2017年)、『内部留保の研究』(共著、唯学書房、2015年)。

吉沢壮二朗 (よしざわ・そうじろう)

1989年長野県生まれ。明治大学商学部卒業、明治大学大学院商学研究科博士後期課程修了。博士 (商学)。現在、明治大学兼任講師、立教大学兼任講師等。

企業と社会がわかる
市民が学ぶ決算書

2020年4月16日　第1版第1刷発行

編著者	野中郁江
発行	有限会社 唯学書房
	〒113-0033
	東京都文京区本郷1-28-36　鳳明ビル102A
	TEL 03-6801-6772／FAX 03-6801-6210
発売	有限会社 アジール・プロダクション
印刷・製本	モリモト印刷株式会社
デザイン／DTP	平澤智正

乱丁・落丁はお取り替えします。
定価はカバーに表示してあります。